シリーズ・日本語のしくみを探る 5

認知意味論のしくみ

町田 健 編
籾山洋介 著

研究社

編者のことば

日本語および日本語教育に対する関心の高まりとともに、日本語のしくみそのものを深く追求しようという試みも、これまでにも増してさかんに行われるようになりました。従来の日本語研究は、どちらかと言えば日本語の歴史に重点が置かれる傾向にありましたし、現代日本語についても、英語をはじめとする欧米の諸言語をもとにして開発された考え方を、そのまま日本語に当てはめようとする姿勢が強かったことは否めません。

しかし最近では、言語学や情報科学の進展に伴って、人間が使っていることばとは一体どんな性質をもつものであって、そのような性質が日本語という個別の言語にどんな形で現れているのかという、一般的な視点からの分析が行われるようになりつつあります。このような見方は、日本語の特殊性をいたずらに強調したり、逆に欧米の言語だけからことばの一般性を引き出してそれを日本語に対して無批判に適用したりするという、人間のことばの本質を無視した方法を鋭く批判するものでもあります。そしてそのことによって、人間のことばとしての日本語の正体がより鮮明に浮かび上がってくることが期待されるのです。

本シリーズは、人間のことばの一員としての日本語という視点から、これまで行われてきた諸研究とはひと味違った、しかしより高度で普遍的な立場から日本語のしくみを考えた結果を紹介するものです。日本語がもっていることばとしての普遍性と個別性の両方を知ることによって、これからの日本語研究と日本語教育に対して新たな視座が提供されるものと信じます。

はしがき

言葉と言葉でないものの違いは何でしょうか。まず思いつくのは、言葉には何らかの意味があるということです。たとえば、「やきゅう」は日本語だが、「きゅうや」などという言葉はないと私たちが判断するのは、「やきゅう」という音(の連続)には意味があるのに対して、「きゅうや」という音(の連続)は日本語で不可能ではないけれども、意味がないからです。さらに、私たちは何のために言葉を使うのでしょうか。やはり、第一に、何らかの意味を伝えるためだと言っていいでしょう。このようにちょっと考えただけでも、意味を抜きにした言葉の研究では、言葉の本質に迫れるとは到底思えません。

さて、言葉の研究(言語学)において意味の研究(意味論)が重要だということには異論がないと思われますが、これまでの言語学では、文法の研究(統語論)や音の研究(音韻論)に比べて、意味論は立ち遅れた分野であったことも事実です。意味というものがきわめて複雑で、一筋縄ではいかない研究対象であるため、後回しにされがちだったと言ってもいいでしょう。

このような状況にあって、二十年ほど前から意味論を飛躍的に発展させる原動力となってきたのが認知言語学です。本書は、この認知言語学による意味の研究、つまり認知意味論の考え方を予備知識のまったくない人にも理解してもらえるようにと願って、書いたものです。そもそも「認知」あるいは「認知能力」とは何なのかということから説き起こし、私たちが有する認知能力というものを言語の意味の基盤として考えることによって、これまで十分に研究の射程に入ってこなかったどのようなことがわかるのかを明らかにしようとしたものです。特に、語（多義語、類義語）、句（慣用句）、文（類義文）の各レベルの意味について具体例に基づき考察しています。また、これまでレトリック研究において長い歴史を持つ比喩についても、従来の研究から学ぶべきところは学ぶとともに、認知意味論の観点から新たに考察を加えています。本書はほぼすべて現代日本語を例として話を進めている点にも特色があると思います。

言語学の優れた理論とは、人間のどんな言語においてもこれまで注目されなかった言葉の側面に新たな光を当ててくれるものです。本書を通して、認知意味論から日本語を見るとこんなにおもしろいことがわかるのかと思ってくださる方がいれば、筆者としてこれにまさる幸せはありません。

認知言語学はまだまだ若い学問です（ちなみに、日本認知言語学会が発足したのは一昨年（二〇〇〇年）のことです）。それだけに狭い考え方にとらわれず、自由に、柔軟に研究が進められる分野であり、今後ますます日本語の研究を通して認知言語学の発展に寄与することが（私たちの努力次第で）可能だと思われます。この本の読者のなかから、認知言語学、認知意味論の研究を志す人が出れば、筆者としてこれ以上うれしいことはありません。

さて、これまで何とか研究を続けてこられ、本書をまとめることができたのは、多くの方々のおかげです。まず、恩師国広哲弥先生に心から感謝申し上げます。国広先生には学部、大学院時代を通して、言葉の意味を研究することのおもしろさ、奥の深さを教えていただきました。職を得てからも、様々な形でご指導を賜わりました。また、いつも私の話に熱心に耳を傾けてくれる名古屋大学大学院国際言語文化研究科の院生、修了生にも感謝しています。

本書を執筆する機会を与えてくださった、敬愛する心広き先輩である町田健さんにも感謝の気持ちでいっぱいです（と同時に町田さんが私に書かせたことを後悔しないことを願うばかりです）。

ついでに、いつも全力で白球と格闘する元気な姿を見せてくれる三人の息子、好きなことしかやらない私を許容してくれている妻、何不自由なく育ててくれ、好きな道に進ませてくれた両親にも感謝します（人前で身内に感謝するということが日本の社会で認められていることなのか不安がありますが、もう二度と本を書く機会などないかもしれないので、このようなことを述べることをお許しください）。

最後になりましたが、研究社の佐藤陽二さんに心からお礼申し上げます。本書の企画の段階から校了まで、暖かくまた厳しい様々なご助言をいただき、本当にありがとうございました。

二〇〇一年師走　籾山洋介

目次
CONTENTS

第一章

認知言語学の基本的な考え方

認知言語学とはその名のとおり、言語（特に人間の持つ言語に関する様々な知識）を、人間の行う認知、人間が有する認知能力との関係で考えていこうとするものです。このような考え方は、従来の言語学の主流であったもの、すなわち言語★だけに注目して言語の体系・構造を明らかにすることを目指すもの、また、人間★の言語能力を自律したものであると考え、人間が持っている他の能力から切り離して研究するものとは大きく異なるものと言えるでしょう。

ここで問題になるのは、「認知（あるいは認知能力）」とはそもそも何なのかということです。実は、「認知」とは何かということについて、認知言語学者の間でも完全に意見の一致を見ているわけではありません。この本では、まず「認知とは、人間が頭や心によって行う営み」あるいは「人間が行う知的・感性的な営み」というように広く考えておきます。

以下この章では、様々な認知の営みのなかで、特に言語との関わりが深いもの、さらに言えば、言語のあり方を動機づけている認知能力について見ていきます。順に、複数★の対象を比較する能力、比較するということに基盤を持つカテゴリー化の能力、同一の対象を異なるレベル・観点から捉える能力、参照点に基づき目的の対象を把握する能力について検討していきます。いずれの認知能力も我々が日常生活を営むうえで（ほとんど無意識の場合も多いでしょうが）駆使しているものであり、加えて、日本語（の表現）にもこの種の認知能力が深く関与していることがわかるでしょう。

★ソシュール（Ferdinand de Saussure）以降の構造主義言語学は基本的にこのような考え方をしています。

★チョムスキー（Noam Chomsky）が創始した生成文法は言語能力の自律性を前提としていると考えられます。

★この章の内容は、主にラネカー（Ronald W. Langacker）の以下の著作に基づくものです。（1987）*Foundations of Cognitive Grammar, Vol. 1*. Stanford University Press.（1988）"A View of Linguistic Semantics." In Brygida Rudzka-Ostyn, ed., *Topics in Cognitive Linguistics*. pp. 49–90. John Benjamins.（1999）*Grammar and Conceptualization*. Mouton de Gruyter.

さらに、認知言語学は、生成文法などと比べて、我々の言語の習得、使用を支えるものとして日常の様々な経験、経験を通して身につけた知識を重視します。この章の最後には、このような言語と経験との関係について論じます。

Q1 「比較する」という認知能力は言葉にどのようにかかわっているのですか？

比較する能力とは

我々人間が持っている基本的な認知能力の一つとして、複数の対象（典型的には二つの対象）を「比較する」という能力があります。比較とは、概略では、二つの対象をある観点から観察・分析することによって、両者の共通点・相違点を明らかにするということです。

我々がこのような比較するという認知能力を日常生活において頻繁に行使していることを簡単な例で確認してみます。たとえば、二つの自動車AとBについて、「Aの方がBよりも大きい」と判断する場合、二つの自動車を「大きさ」の観点から比較していることになります。また、二つの自動車を「値段」の観点から比較して、「Aの方がBよりも高い」というように判断する場合もあります。さらに、日常、買い物をする場合のことを考えてみると、複数の品物を、「値段」「品質」「量」などの観点から総合的に比★

★複数の物を比較して、買う物を決めるのではなく、あくまで自分の絶対的な基準に基づいて買う物を決める、言い換えれば、自分の基準に合う物がない場合は買わないという買い物の仕方にも比較するということが含まれています。つまり、自分の基準と個々の品物を比較するということです。

較して、買う物を決めるのが普通であると思われます。あるいは、選挙において投票する際には、複数の候補者を、政策、人柄、所属政党などの観点から比較して、投票する人を決めるでしょう。

以上の例では、複数の対象を比較することによって、主に違いを明確にする（あるいは、違いをはっきりさせるために、複数の対象を比較する）ということでしたが、比較することによって、共通点・類似点を見出すという場合もあります。たとえば、「Aさんは長嶋茂雄に似ている」という判断を下す場合、Aさんと長嶋茂雄を、主に顔の観点から比較して、もちろん違いはあるけれども、全体的には似ている（あるいは、似ているところがある）ということです。

さらに、様々な研究分野で、比較が行われていることも事実です。言語学にも、文字どおり「比較言語学」という伝統的な分野があります。比較言語学は、歴史的に同系統である（親戚関係にある）という見通しのもとに、複数の言語を音韻、語彙などの観点から比較することによって、同系統であるということを証明することを目的の一つとするものです。ここでの比較は、主に、複数の言語の類似性あるいは対応関係（音韻対応など）を見出すことを目的としていることになります。

また、言語学には「対照言語学★」と呼ばれる分野もあります。対照言語学では、複数の言語を、歴史的に関係があるかどうかにかかわらず研究対象とし、音韻、文法、語彙など様々な観点から比較することによって、類似点・相違点を明らかにすることを目的

★比較言語学と対照言語学についてもう少し知りたいという方は、町田健・籾山洋介（1995）『よくわかる言語学入門』（バベル・プレス）の「第7章 歴史・比較言語学」、「第8章 対照言語学」をご覧ください。

とするものです。この場合、共通点と相違点の両方を見出すことを目的として、比較が行われていることになります。

次に、比較という認知能力が言語に直接かかわる場合について見てみましょう。まず、「大きい」「小さい」などの形容詞の意味です。「ゾウはカバより大きい」という文を発する場合、「ゾウの大きさ」と「カバの大きさ」を比較することに基づいている(比較した結果を述べている)ことは明らかでしょう。一方、「ゾウは大きい」と言う場合はどうでしょうか。この文では、ゾウと比較される動物は明示されていませんが、我々が知識として持っている「動物の平均的な大きさ」あるいは「人間の大きさ」を比較の規準として、ゾウを大きさの尺度のプラスの領域に位置づけていると考えられます。さらに、「このゾウは大きい」の場合も比較の規準は明示されていませんが、「(目の前にいる)このゾウの大きさ」を、我々が知識として有している「ゾウの平均的な大きさ」と比較して、その平均的な大きさを上回っているという判断の結果を述べていることになります。以上から、「大きい」などの形容詞の意味は、ある対象を、規準となる別の対象と比較するということを含んでいることがわかります。このことは、我々がある見知らぬ物体を見せられて、この物体はこの種の物体として大きいか小さいかと問われたときに、答えようがないことからも確認できます。つまり、今までに見たこともない物体であれば、当然その物体の平均的な大きさを知らないわけですから、大きいとも小さいとも判断できないということです。なお、「大きい」「小さい」と同じように、比較を前提とする日本語の形容詞として、「高い／低い」★「広い／狭い」「遠い／近い」「深い／浅い」などがあります。

続いて、動詞の意味にも比較するという認知能力がかかわっていることを見てみましょう。「突然、棚から本が落ちた」という文を発する場合、本の位置が、「棚の上」から　たとえば「床の上」に(瞬間的に)変化したということを捉えることが前提となります。つまり、本がもともと存在していた場所と新たに占めるようになった場所(本来の場所よりも下方)を比較して、その違い(高低差)に気づくことが、「落ちる」という動詞が使える条件の一つです。日本語の動詞には、ある対象のこのような位置や状態の何らかの変化を表していて、元の位置・状態と新たな位置・状態を比較して、両者の違いを捉えることを前提としているものが相当数あります。このことは、「落ちる」に加えて、「動く」「出る」「(大学生に)なる」「凍る」などの動詞について考えてみれば、納得がいくでしょう。さて、「この包みは昨日からテーブルの上にある」という文の動詞「ある」の場合はどうでしょうか。この文は、明らかに「この包み」が存在する位置が、昨日と今日(発話時点)で変化していないことを述べています。したがって、「落ちる」などとは違って、位置の変化を表しているのではないことになります。しかし、あくまで、「この包みの昨日の位置」と「この包みの今日の位置」を比較するということを行っているのは確かです。比較してはじめて、位置が同じであることが明らかになったと考えられるからです。このように「ある」などの動詞の意味にも、比較するということが含まれ

★この種の対をなす形容詞は、プラス方向の意味を表す方の語に中立的な意味を表す用法があり、「背の高さはどれくらいですか」「この池の深さを知っていますか」などといった言い方ができます。

ていることになります。

カテゴリー化と比較する能力

人間はこれまで、どのような言語の話し手であっても、この世に存在する多種多様なモノやコトを何らかの形で整理・分類し、その結果として得られた各カテゴリーに名前をつけるということを絶えず行ってきたと考えられます。このようなことを行う理由の一つとして、この世の存在物をできるかぎり効果的・効率的に処理し、対応したいという姿勢を人間が持ちつづけてきたということがあります。言い換えれば、我々人間は、同じカテゴリーに属するモノやコトには同様の対応をすればよいのに対して、異なるカテゴリーに属するモノやコトには異なる対応をしなければならないということが考えられます。たとえば、人間というカテゴリーに属するモノに対する我々の対応とイヌというカテゴリーに属するモノに対する対応が明らかに異なるということは容易にわかるでしょう。

さて、カテゴリー化の方法には、大きく分けて二つの方法があります。一つは、必要十分条件に基づく方法です。たとえば、「2、8、14、246」などの一群の数を「偶数」と言いますが、ご存じのとおり、偶数は「2で割り切れる整数」と規定することができます。この「2で割り切れる整数」という規定は、偶数の必要十分条件です。つまり、「2で割り切れる整数」という条件を満たす数であれば必ず偶数というカテゴリーに属するし、この条件を満たさない数は偶数ではないということです。したがって、必要十分条件に基づくカテゴリーは、カテゴリーの境界が明確であるということになります。★

一方、我々が作り出すカテゴリーは、必要十分条件によって規定できるものばかりではありません。次の状況を考えてみましょう。学生が指導教官に「論文」(自分では「論文」だと思うもの)を提出したところ、指導教官に「こんなものは『論文』ではない」と言われたという不幸な状況です。まずわかることは、「論文」というカテゴリーの規定、あるいは「論文」というカテゴリーにどのようなものが属するかについて、学生と指導教官の間に食い違いがあるということです(先に見た「偶数」というカテゴリーに関してはこのようなことはありえません)。つまり、カテゴリーのなかには、カテゴリーの規定、カテゴリーに属するメンバーの判断について、(同じ一つの言語が使われている共同体においても)人によって食い違いが生じるものがあるということです。また、個人レベルでも、あるものがあるカテゴリーに属するか否かの判断が明確に下せない(判断に迷う)場合もあります。たとえば、ある書き物を見て、「論文」と言っていいかどうか迷ってしまうという場合などです。以上見てきたように、カテゴリーのなかには、言語共同体レベルでも、個人レベルでも、カテゴリーの境界が明確でないものがあることになります。

その一方で、学生と指導教官がともに「論文」と認めるもの(たとえば、しかるべき学会誌に掲載されているものなど)も存在していることは確かでしょう。つまり、誰もが「論

★「整数」「偶数」「奇数」といった数学の基本的な概念に加えて、「歴代の日本の首相」「(ある年月日における)日本のプロ野球選手」といった人間の集団も境界が明確なカテゴリーです。

文」と認める典型的な「論文」です。認知言語学では、このようなあるカテゴリーの典型的なメンバーを「プロトタイプ」★と言います。さて、「論文」というカテゴリーのプロトタイプが満たすべき条件として、「学術的な研究に値するテーマを取り上げている」「独自の明示的な仮説が提示されている」「仮説が事実に基づき検証されている」などが考えられます。このような条件をすべて満たしているものは、誰にとっても問題なく「論文」と判断されることになります。他方、この種の条件のうち満たされないものが多くなるにつれて、「論文らしさ」が減少してくることになります。ただし、各条件は「満たされるか満たされないか」という二分法ではなく、程度性が考えられます。たとえば「仮説が事実に基づき検証されている」という条件は、「完全に満たされている」「ほぼ満たされている」「やや満たされている」「まったく満たされていない」といった程度性・段階性がありえます。

以上見てきたカテゴリー化の方法は、プロトタイプに基づくカテゴリー化と言われるものです。このようなカテゴリー化の方法について、比較するという認知能力との関係で捉え直しておきます。プロトタイプに基づくカテゴリー化では、ある対象をカテゴリーのなかに含めるか否かについては、プロトタイプとの比較を通して行うのが基本です。つまり、ある対象がプロトタイプと完全に一致していれば、何の問題もなくカテゴリーに属するという判断を下すことができるし、逆に、ある対象とプロトタイプとの間に何の類似性も見出すことができなければ、それはカテゴリーに含まれないことになり

★プロトタイプについては、第三章の多義語のところでふたたび取り上げます。

ます。また、ある対象にプロトタイプとの部分的な類似性が見出せれば、それはそのカテゴリーの周辺的なメンバーと見なすことができるわけです。以上のように、プロトタイプに基づくカテゴリー化にも比較という認知能力が深く関与していることになります。

最後に、必要十分条件に基づくカテゴリーとプロトタイプに基づくカテゴリーの違いを整理しておきましょう。

まず、必要十分条件に基づくカテゴリーは、カテゴリーの境界が明確であるのに対して、プロトタイプに基づくカテゴリーはカテゴリーの境界が明確でなく、たとえば、「論文」と言うべきか「報告書」と言うべきか、あるいは「論文」と言うべきか「概説」と言うべきか、判断に迷うものも存在しているわけです。

また、必要十分条件に基づくカテゴリーは、メンバー間に優劣★がないのが普通であるのに対して、プロトタイプに基づくカテゴリーは、典型的なメンバー（プロトタイプ）と様々な程度で典型性が劣るメンバーから構成されています。

Q2 同じものでもいろいろな見方ができるというのはどういうことですか？

この節では、同じモノやコトであっても、我々人間は異なる捉え方、意味づけをする

★ただし、必要十分条件に基づく、境界の明確なカテゴリーにおいても、見方によってはメンバー間に優劣を認めることができると思われます。たとえば「ある大学の学生」という境界の明確なカテゴリーにおいても、ある人から見て（あるいは社会一般にかなり認められたものとして）、その大学のプロトタイプ的学生というものが存在している可能性があります（たとえば、「坊主頭で、学生服を着ていて、黒縁メガネをかけている人」）。このような場合に、「その大学のおしゃれな学生」を見て、「その大学の学生らしくない」などと言うことになるわけです。

ことができるという認知能力を持っているということを見ていきます。たとえば、あるものを見て、それがノコギリクワガタであれば、「虫」とも「クワガタムシ」とも「ノコギリクワガタ」とも言えます。つまり、おおざっぱに「虫」として捉えることもできれば、より特定して「ノコギリクワガタ」と捉えることもできるということです。また、一升瓶にお酒が半分あるのを見て、「まだ半分ある」と言う人もいれば、「もう半分しかない」と嘆く人もいるでしょう。これは、何らかの予測に照らして事態を見るということを我々が行う場合があるからです。あるいは、野球の試合を見ている二人の人が、同時に「打った！」と「打たれた！」と叫ぶ可能性があります。これは、攻撃側と守備側のいずれを応援しているかによって、同じ打撃に対して異なる捉え方をしていることになります。さらに、同じゴルフのグリーンを見て、「芝がきれいだなあ」と言う人もいれば、「難しい位置にピンが立っているな」などと言う人もいるかもしれません。つまり、我々は、同一の対象の異なる部分に注目するということもできるわけです。

このように、同一の対象に対して、何らかの意味で異なる捉え方をすることができる認知能力が我々には備わっており、言語にはこのような認知能力に動機づけられている面があるということを以下では見ていきます。

同一の対象を異なるレベルで捉える能力

我々には、ある同一の対象を様々な程度の詳しさ・精密さで捉える能力が備わっています。つまり、同じものでも、おおざっぱに捉えたり、精密に捉えたりすることができるということです。

たとえば、日本でお花見の対象となる花に対して、「花」とも「サクラ」とも「染井吉野」とも呼ぶことができます。このように同じものを違う名前で呼ぶ前提として、我々がある対象をどの程度の精密さで捉えるかということがあるわけです。つまり、単に「花」と呼んだ場合、他の種類の花との違いに注目せず、対象をおおざっぱに捉えて、「花」というカテゴリーの一員であると見なしたということです。それに対して、「サクラ」と呼んだ場合、対象の持つ他の種類の花との何らかの違い、他の花にない特徴に注目して、「花」の下位カテゴリーである「サクラ」というカテゴリーの一員と捉えたということになります。さらに、対象を「染井吉野」と呼んだ場合、対象が持つ他の種類の「サクラ」にない特徴にまで注目して、つまりは、より精密に捉えて、「染井吉野」というカテゴリーに属すると判断したわけです。★

ここまでは、同一のモノを複数の異なるレベルで捉えることができるということを見ましたが、コト、つまりはある出来事や状況についても、同じように様々な詳しさで捉えることができます。我々の日常生活を考えてみても、自分が経験したある出来事を言葉で描写して他の人に伝える場合、その出来事に対する自分の思い入れや聞き手の興味の度合い、さらには伝達に許された時間などを考慮して、ごく簡単に伝えたり、相当詳しく述べたりするということがあります。

★「和箪笥―箪笥―家具」「電動のこぎり―のこぎり―大工道具」なども「染井吉野―サクラ―花」と同様に、捉え方の精密さが異なる一連の語です。

次の文を見てみましょう。

1a　門のところに誰かいる。
　b　門の前に怪しい男が立っている。
　c　門の前方約一メートルのところでサングラスをかけた怪しい男があたりの様子をうかがっている。

1a〜cの三つの文は、いずれも同じ状況を描写するのに使うことができますが、その状況をどの程度詳しく述べているかについては明らかに違いがあります。

同一の対象を異なる予測に基づき捉える能力

次に、同じ対象・状況を異なる予測・前提に基づいて捉えるという認知能力について見ていきます。たとえば、アパートを探している際に、あるアパートをはじめて見て、「思ったよりきれいだ」と感じる人もいれば、「思ったよりきたない」と思う人もいます。あくまで同じものを見て、人によって判断が異なるということはよくあることだと思われます。これは、我々があるものを捉える際に、白紙の状態ではなく、何らかの予測や期待を持って見る場合も多いということに起因しています。アパートの場合、見る前に築年数などからどの程度きれいであるか予測することは普通でしょうし、各人が

「人間が住むアパートはこの程度きれいであるのが普通である」といった規準を持っていると考えられます。このような予測や規準が人によって異なれば、同じものを見ても「きれいだ」と言う人もいれば、「きたない」と嘆く人もいるのは同然ということになります。

ある対象を捉える予測や規準が人によって異なることに加えて、同じ一人の人でも、状況によって予測や規準が異なることも考えられます。たとえば、展覧会である絵を見て最初の印象は「大してうまくない」というものであったとしましょう。その後、その絵を描いたのは小学生であると知り、（小学生にしては）「相当うまい」という評価に変わることもあるでしょう。

さて、同一の状況であっても異なる予測に基づいて捉えることができるという我々の認知能力を反映した日本語の表現を簡単に見ておきます。

2 a　私は今日八時間勉強した。
　b　私は今日八時間も勉強した。
　c　私は今日八 時間しか勉強しなかった。

2 a〜 cの三つの文はいずれも「私の今日の勉強時間は八時間であった」という同じ★状況を述べていますが、異なる予測を反映した部分的に異なる言語表現が用いられています。aは、今朝勉強を始めるときに、特に何時間やろうということを決めなかった場

★同じ事態・状況を述べている複数の文は、「真理条件的意味」が同じであると言います。このことについては、第五章で改めて取り上げます。

合(つまり、特定の予測・期待がなかった場合)に、一日の終わりに、一日の勉強時間を述べた文であると考えられます。次に、bの「八時間も」という表現を含む文では、予定よりも勉強時間が多かったことを、逆に、cの「八時間しか」という表現を含む文では、予定より少なかったことを表しています。このように、同じ対象を捉える際の予測★の違いを反映した異なる言語表現が日本語にはあるわけです。

同一の対象を異なる視点から捉える能力

スポーツの試合を観戦する時の楽しみ方はいろいろあると思いますが、その一つは、一方のチームや選手のファンとして応援し、勝利を願いながら観戦するというものでしょう。ここで、プロ野球の「巨人対中日」を観戦する場合の立場の可能性を考えてみると、「巨人ファンとして見る」「中日ファンとして見る」「中立的な(特にどちらのファンでもない)立場で見る」という三とおりの視点が考えられます。さて、「ノーアウト満塁、バッター松井」という状況を、上記の三つの立場の人はそれぞれどのように捉え、表現するでしょうか。まず、(少なくとも建前は)中立的な立場のテレビ中継のアナウンサーであれば、そのまま「ノーアウト満塁、バッター松井」★と伝えることが考えられます。それに対して、巨人ファンであれば「大チャンスだ!」★、中日ファンであれば「ピンチだでいかんわ」などとなるでしょう。つまり、同一の状況であっても、その状況を捉える視点・立場によって異なる意味づけを与えることができるということです。

★日本語には、「やはり(やっぱり)/思ったとおり/予想どおり」「意外なことに/予想に反して」などのように、もっぱら何らかの「予測」(予測が的中した、あるいははずれたこと)を表す表現があります。「やっぱり巨人が勝った」と「意外なことに巨人が勝った」は「巨人の勝利」という同じ出来事を述べていますが、「やっぱり」と「意外なことに」は異なる予測を表しています。

★同じ「ノーアウト満塁、バッター松井」という表現でも、うれしそうに言うか、そうではないかによって、どちらのファンであるかがわかるという場合もあります。

★同じ状況が「チャンス」とも「ピンチ」とも言われるということは、池上嘉彦(1993)「訳者解説」(ジョージ・レイコフ著/池上嘉彦・河上誓作他訳『認知意味論』(紀伊國屋書店)所収)で指摘されています。

また、いろいろな場面で「相手の立場に立って考えろ」などと言われることがあります。つまり、多少の努力が必要な場合もあるかもしれませんが、我々は、実際に自分が置かれた物理的位置・心理的立場以外から物事を見ることもできるわけです。たとえば、自分と離れたところにいる人に対して、あるものの位置を教える際に、「その辞書なら、君の正面の棚にあるよ」などと言う場合もあるでしょう。

以上のように、我々人間は、ある同一の対象を、実際に自分が身を置いている以外の位置・視点も含めて、異なる様々な視点から捉えることができる認知能力を持っているということです。

この種の認知能力が言語表現の意味にも深く関係しているということを簡単に見ておきましょう。まず、日本語には「上り坂」★と「下り坂」というある種の反対★の意味を表す二つの語があります。ここで注目すべきことは、ある一つの「坂」（一方の側と他方の側で高低差・傾斜のある道）に対して、視点の設定の違いによって、「上り坂」とも「下り坂」とも言えるということです。つまり、坂の下の方から坂を見た場合は「上り坂」、一方、坂の上の方から坂を見た場合は「下り坂」ということになります。このように、日本語には、坂に対する視点の設定の違いを反映した二つの語が存在していることになります。

次は動詞の例です。「Aさんが名古屋から東京に移動した」という事態を言語で表現する場合、「Aさんは名古屋から東京に行った」とも「Aさんは名古屋から東京に来た」

★「上り坂」と「下り坂」の例は、西村義樹（1996）「第5章　文法と意味」（池上嘉彦編『英語の意味（テイクオフ英語学シリーズ3）』（大修館書店）所収）から借用したものです。

★一口に、二つの語が反対の意味を表すといっても、いろいろなケースがあります。「男／女」「大きい／小さい」「頂上／ふもと」などはいずれも反対の意味を表すと言えますが、違いもあります。たとえば「男でなければ女である」ということは成り立ちますが、「大きくなければ小さい」とは必ずしも言えません。詳しくは、町田健・籾山洋介（1995）『よくわかる言語学入門』（バベル・プレス）の「第5章　意味論」を参照してください。

とも表現することができます。つまり、話し手が名古屋にいる場合、あるいは名古屋に視点を置いてこの事態を描写する場合であれば、「行く」を使うのに対して、話し手が東京にいる場合、あるいは東京に視点を設定して事態を述べるのであれば「来る」を使うということです。このように、「行く」と「来る」という動詞の意味にも、話し手が出発点にいるか、到着点にいるかの違い、あるいは出発点に視点を設定しているか、到着点に視点を設定しているかの違いが含まれていることになります★。

複数の要素から構成される事態において異なる要素に注目する能力

何らかの意味で異質なものから構成されている情景などを見るとき、異質なもののなかでも、特に注意を引かれるものが存在する場合があります。たとえば、真っ暗な夜空と明るい月からなる事態（月以外の部分は真っ暗な夜空である情景）の場合、月に目が行く、月が際立って見えるのは普通でしょうし、白いシャツを着た大勢の人のなかに、赤いシャツを着た人が一人だけいる場合、すぐにその赤いシャツを着た人に気づくでしょう。このように外界の条件・刺激によって、自ずとある特定★のものに我々の注意が向く場合があることも事実です。

一方、我々には、複数の異質なもののうちの特に際立っているのではないある特定のものに対して、主体的に注目すること

★また、名古屋と東京以外にいる人、あるいは名古屋と東京以外に視点を設定した場合は、「移動する」などを使うことになるでしょうし、このような状況で「行く」を使うことも可能です。

★道路を車が走っているという状況を目にする場合、道路よりも車の方に注意が行くのが普通です。これは、我々人間は、静的な存在（動かないもの）と動的な存在（動くもの）の両方から構成される事態の場合、動的な存在の方に注意を引かれやすいということです。

ができるという認知能力も備わっていると考えられます。たとえば、前ページの「ルビンの盃」と言われる図は、盃の形としても向かい合っている二人の人の横顔としても知覚することができます（ただし、盃と横顔を同時に知覚することはできません）。

つまり、「ルビンの盃」は、視覚的な刺激としては、白い部分と黒い部分から成る一つのものですが、我々は、白い部分に注目し、際立たせ、盃として読みとることもできれば、黒い部分を際立たせ、横顔としても認識できるということです。

もう一つの例として、野球の試合の見方を取り上げてみましょう。野球の試合を見るとき、ピッチャーの投球とバッターの打撃に注目して見るのが普通です。テレビ中継でも、ピッチャーとバッターを中心とした映像が映し出されている時間が最も長いでしょう。さらに、通常、バッターが打った場合、打球の行方を目で追うことになります。しかし、他の見方が不可能というわけではありません。たとえば、守備担当のコーチであれば、相手チームの打者や戦況に応じて、（投手よりも）内野手や外野手が適正な位置にいるかどうかに特に注意を払っているという可能性もあります。また、一般の野球ファンであれば、打者の打撃を見るとき、その打者全体を何となく見ているというのが普通でしょうが、やはり、打撃コーチであれば、試合前にアドバイスしたポイントがちゃんと実行されているか（たとえば、グリップの位置は適正であるか、右の膝がしっかりと送り込まれているかなど）に注目するという場合もあるでしょう。以上のように、我々は、ある事態を構成している複数の要素のうち、主体的に異なる要素に注目することができるという認知能力を持っていると考えられます。

次に、以上のような複数の対象のうち、ある対象に主体的に注目し、際立たせるという我々が持っている認知能力が言語にも関与している例を簡単に見ておきます。

3a　A国の軍隊は町を破壊した。

b　町はA国の軍隊によって破壊された。

右の二つの文はいずれも、「A国の軍隊が町を破壊するという行為を行った」という同じ出来事を描写することができます。ここで、3aの能動文とbの受動文にはどのような意味の違いがあるのでしょうか。まず★、「破壊」という事態には、破壊する主体である「行為者」と破壊される「対象」が存在します。右の例文では、aの場合もbの場合も、「A国の軍隊」が行為者であり、「町」が対象です。ここで、「破壊」という事態を描写する場合、行為者の方を際立たせ、主役に据えることも、対象の方に注目し、際立たせることも可能です。言い換えれば、我々は、同一の事態を捉える場合でも、事態の異なる参与者に特に注目することができるということです。

さて、改めてaとbの二つを文を見ると、aの文では、行為者である「A国の軍隊」が文の主語であり、bの文では対象である「町」が主語であることからもわかるように、aの文は、行為者に注目した文であり、bの文は対象に注目した文であることになります。さらに、aとbの文全体の意味の違いとしては、aは行為者による「行為」を表

★以下の記述は、西村義樹（1996）「第5章　文法と意味」（池上嘉彦編『英語の意味（テイクオフ英語学シリーズ3）』（大修館書店）所収）の英語の能動文と受動文の分析を参考にしたものです。

しているのに対して、ｂは対象の「変化」を表していると考えられます。このことは、ａの能動文は、「A国の軍隊は何をしたのか（どのような行為を行ったのか）」という質問の答となりうるものであるのに対して、ｂの受動文は、「町はどうなったのか（どのように変化したのか）」という質問の答として適切であることからもわかります。

以上のように、能動文と受動文の違いは、我々が持っている、ある出来事を構成する複数の参与者のうち、異なるものに柔軟に注目することができるという認知能力を反映していることになります。なお、直観的に、能動文の方が普通の文であるのに対して、受動文の方は何らかの意味で特殊な文であると感じる人が多いと思われます。★このことは、上記の「A国の軍隊が町を破壊するという行為を行った」という出来事の捉え方として、行為者による「行為」という捉え方の方が、対象の「変化」という捉え方よりも普通であるということが関係していると考えられます。つまり、行為者（A国の軍隊）による行為（破壊）が対象（町）に対して行われてはじめて、対象に変化が生じるということから、行為としての方がより自然な捉え方であることになります。

Q3 直接捉えにくいものでも他のものを通して理解できるというのはどういうことですか？

ここでは「参照点」に基づき対象を把握するという認知能力を取り上げます。これ

★事実、言語形式の面から見ても、受動文の動詞には、能動文にない「(ら)れる」という要素が余分につけ加えられています。言い換えれば、能動文の動詞にある要素が加えられて受動文の動詞になるのであって、その逆ではないということです。

は、ある対象を把握あるいは指示する際に、その対象を直接捉えるのに何らかの困難を伴う場合に、別のより把握しやすいもの、すでによくわかっているものを参照点として活用し、本来把握したい対象を捉えるという認知能力です。

ここで、魚釣りを例として考えてみましょう。シンプルな釣りの方法として、竿の先に糸を結びつけ、糸の先に針をつけ（その針に餌をつけるのが普通です）、糸の途中に「浮子」をつけるというものがあります。この浮子が、釣りにおいては参照点の役割を果たしていると考えられます。つまり、水中で魚が餌のついた針を口に入れたかどうかが本来知りたいことですが、これは直接知ることはできないので、浮子の動きを通して知るわけです。魚が餌をくわえた場合、水面に（少なくとも一部は）あり、直接見ることができる浮子が水中に沈むなどの動きをするわけです。釣り人は、その浮子の動きに反応して竿をあげ、魚を針にかけて釣り上げることになります。

参照点能力について、さらに別の例を見てみましょう。直接面識のない人について、どのような人であるかを推測する場合に、その人が自分のよく知っているAさんの友達だから信頼できる人（あるいは信頼できない人）だろうというように推測する場合がありま す。これは、Aさんを参照点として問題の人について判断しようとしていることになります。このようなことは、A man is known by the company he keeps.（つき合っている仲間を見れば、その人がどんな人かがわかる）という英語のことわざがあることからもわかるように、我々が（文化を越えて）日常普通に行うことでしょう。★

★ある子供について、プロ野球選手の子供だから、きっと運動神経がいいだろうとか、ノーベル物理学賞を受賞した科学者の子供だから頭脳が明晰だろうなどと推測するのも同じことで、親を参照点として子供について判断しているということです。

次に、言語表現に参照点がかかわる場合について簡単に見てみましょう。「私は昨日いとこに会った」における「いとこ」は通常、この文の話し手（私）のいとこです。つまり、話し手を参照点として、「いとこ」が誰を指しているかが明らかになります。このように、「いとこ」「親」「兄」「おば」などの親族名称と言われる一連の語は、参照点である人を踏まえてはじめて誰を指しているかが明らかになるわけです。また、話し手以外の人が参照点である場合（加えて、文脈からは参照点である人が明らかでない場合）は、「Aさんのいとこ」「彼のおば」というように参照点を明示することが必要になります。たとえば、「あの人、誰？」と聞かれて「弟だよ」と答えた場合、この答を聞いた人は、「弟だよ」と答えた人の弟だと理解するのが普通です。以上のように、親族名称は、参照点となる人との関係で理解しなければならない語彙ということになります。★

Q4 言葉を身につけ、言葉を使うことと我々の様々な経験はどのような関係にあるのでしょうか？

生成文法と認知言語学の違い

この章の最後に、我々が言葉を身につけ、言葉を使いこなすことと、人間として生まれ、ある環境に身を置き、ある社会で生活していくなかで経験する様々なこととはどのような関係にあるのかということについて考えていきます。

★参照点能力については、第三章で、メトニミーという比喩の認知的基盤としてふたたび取り上げます。

まず、この問題について生成文法と認知言語学ではかなり違う考え方をします。生成文法では、我々人間は生後短期間のうちに(三、四歳のころまでに)一つの言語を習得することができ、しかもどんな言語であれ子供が耳にするものは劣悪★と言っていいデータであることから、単に周囲で話されている言葉を聞くなかで、言語を自由に操れる能力を身につけることができるとは考えられず、言語の習得を可能にする何らかの知識を生まれながらに持っているという考え方をしてきました。なお、この種の知識のことを「言★語獲得装置」あるいは「普遍文法」と言い、人間がこの種の知識を持って生まれてくることを「言語の生得性」と言います。つまりは、人間は生後しばらくの間、周囲で話されているある言語を聞く(すなわち、ある言語のデータに触れる)と、言★語獲得装置に導かれて、その言語を自由に使いこなせる能力(このような能力を「言語能力」と言います)を獲得するに至るということです。

以上からわかるように、生成文法では、人間が言語を身につけるにあたって、ある言語が使われている社会のなかで生活するといった経験よりも、生まれながらに持っている言語獲得装置の方を重視し、それが一体どのようなものであるかを解明することに力を注いできました。

一方、認知言語学は、我々がある言語を自由に適切に使いこなせるようになるには、ある社会、文化における経★験を通しての学習も重要であるという立場をとっています。このように経験を重視する考え方を「経験基盤主義」と言う場合があります。

★我々の日常会話には、言い間違いや尻切れの文などが相当量含まれていることは事実でしょう。

★「言語獲得装置」「普遍文法」は人間が共通に持って生まれてくるものであり、しかも、他の動物にはないものと考えられています。

★言語獲得装置は人間の言語であればどのような言語でも身につけることを可能にしてくれるものであり、どの言語を実際に獲得するかはどの言語に触れるかによって決まることになります。

★ここでの「経験」とは、言語にかかわる経験だけでなく、ある社会の一員としての様々な経験を含みます。

ある言語を身につけるにあたって、経験が重要であることを示す一例として、どのような言語にも複数の語がほぼいつも結びついた形で用いられるというものが相当数ありますが★、この種の表現は学習によって習得する必要があります。日本語で言えば、「風邪をひく」「約束を破る」などがこの種の表現に当たります。つまり、「風邪」という語が格助詞を介して結びつきうる動詞には、文法的にはもちろん意味的にも妥当なものとして「ひく」の他に「かかる」「帯びる」などがありうると思われますが、自然な日本語はやはり「風邪をひく」★に限られているということです。「約束を破る」についても同様で、「約束をこわす」とか「約束をくずす」などとは言えません。このように文法と意味の両面から見て、あってもおかしくないもののなかからその言語における自然な表現を身につけるということは、経験的学習を通してのみ可能なものです。加えて、この種の表現は生成文法の研究においては軽視されてきました。

以下では、認知言語学の一つの特徴である経験基盤主義の考え方についてさらに見ていきます。

言語の基盤としての身体

我々が何らかの経験をするという場合、どんな経験であっても、自分の「身体★」を通してのことであるということに異論はないでしょう。そこでまず、我々が「このような体をしている」ということが言語にどのように反映しているか、言い換えれば、言語の

★第四章でこの種の表現、すなわち「連語」「慣用句」を改めて詳しく扱います。

★さらに、「ロープをひく」と「ロープをひっぱる」はいずれも可能な表現ですが、「風邪をひっぱる」とはもちろん言えません。

★ここでの「身体」とは「心」あるいは「精神」と対立するものではなく、「心」や「精神」のありかも「身体」であるという立場をとっています。

基盤として身体がどのような役割を担っているかということを検討します。

まず、我々の体は、側面から見た場合、もちろん左右対称ではありません。特に顔が一方向を向いていて、顔にある視覚器官である目が一度に三百六十度を見渡すことができないということが、前方へ移動することを後方へ移動することよりも容易にしているし、〈前〉と〈後〉という概念を生み出す★(さらには、このような概念を表す言葉が人間の言語に存在している)基盤にあると考えられます。もし視覚器官が背の側にもあるとしたら、〈前〉と〈後〉という概念の区別も生まれなかった可能性もあります。さらに、人間の体のこのような特徴が〈右〉と〈左〉という概念の区別にも重要な役割を果たしていると思われます。左右の区別は、ある向きをとることを前提とするものです。人間に、顔が向いている側(腹の側)と顔が向いていない側(背の側)の区別があり、顔(さらに目)が向いている向きというものを考えられるからこそ、〈右〉と〈左〉という概念を区別できることになります。★

さらに、人間の身体には、目、耳、舌、鼻、皮膚という五つの感覚器官があり、我々はこの五官を通して様々な対象を感じとっています。さて、この五官は同程度に重要であるわけではないようです。つまり、鋭敏さ、対象・情報を識別する精度に違いがあるということです。たとえば、目(視覚)による識別と鼻★(嗅覚)による識別は前者の方が精度が高いことは明らかでしょう。我々にとって目でものや人を捉え、区別する方が鼻でするよりもはるかに容易で、効果的であるということです。たとえば、ある人が誰であ

★本書では、概念あるいは語・句の意味を〈 〉でくくって示します。

★この段落の内容は、池上嘉彦(1993)「訳者解説」(ジョージ・レイコフ著/池上嘉彦・河上誓作他訳『認知意味論』(紀伊國屋書店)所収)を参考にしたものです。

★人間の嗅覚が犬などの他の動物の嗅覚よりも劣っているということも一般に知られていることです。犯罪捜査に犬が活躍するのは、まさに人間よりも優れた嗅覚を持っていることよるわけです。

るかを判断する場合、目で見れば容易に判断できますが、視覚器官を用いず嗅覚によって判断することはかなり難しいことだと思われます。このようなことを反映した言語事実として以下の例を見てみましょう。

4　彼の柔道の腕前は目に見えて上達した。

5　数日前、パチンコ屋の前をうろついていた男がくさい。

4の「目に見えて」★という表現は、もちろんもともと、ある対象が視覚で捉えられることを表すものですが、ここでは〈はっきりとわかるほど〉というような意味です。一方、5の「くさい」という本来嗅覚で把握した匂いを表す語は、〈断定はできないが、(事件の犯人などである)可能性がある〉という意味を表しています。この二つの表現の違いは、まさに視覚と嗅覚という二つの感覚器官の鋭敏さの違いを反映したものだと考えられます。つまり、目が精度の高い器官であることから「目に見えて」という表現が「明確さ」を表す意味を派生させているのに対して、鼻は精度が劣るため「くさい」という語は「断定はできず、可能性がある」★という意味を派生させているわけです。

さらに★、視覚器官が他の器官よりも重要であることを反映していると考えられる以下の例を見てみましょう。

6　料理の味をみる。

★「目に見える」という表現は、第四章でふたたび取り上げます。

★「どうもあいつがにおう」などの「におう」も「くさい」と同様の意味を表せます。

★以下の内容は、田中聡子（1996）「動詞『みる』の多義構造」（『言語研究』第110号(日本言語学会)所収)を参考にしたものです。

7　湯加減をみる。
8　専門家に子供のピアノをみてもらう。
9　料理がよい香りに仕上がったかみてみる。

「みる」という語は、人間の視覚行為を表す最も基本的な動詞ですが、6〜9の例からわかるように、他の感覚器官による対象の把握も表すことができます。つまり、味覚(例文6)、触覚(例文7)、聴覚(例文8)、嗅覚(例文9)による対象の把握も表すことができます。ただし、視覚以外の感覚を表す場合は、単なる対象の把握だけではなくて、さらに「判断」というような意味も含んでいると考えられます。というのは、6の「料理の味をみる」という場合は、単に舌で味わうだけではなく、おいしいかどうか判断するという意味も含んでいます。7の「湯加減をみる」、8の「ピアノをみてもらう」、9の「よい香りに仕上がったかみてみる」の場合も同様です。

一方、以下の10〜13の例からわかるように、「きく」(聴覚)、「さわる」(触覚)、「かぐ」(嗅覚)、「味わう」★(味覚)といった視覚以外の感覚行為を表す語は、他の感覚を表すのに用いにくいということがあります。

10　×料理の味をきく／さわる／かぐ。
11　×湯加減をきく／味わう／かぐ。
12　×専門家に子供のピアノをさわって／かいでもらう。

★ただし、「味わう」は「名画を味わう」「クラシック音楽を味わう」「ほのかな花の香りを味わう」などのように、〈鑑賞する／よさを感じとる〉といった意味で広く使えます。また、「きく」には「きき酒」のように味覚にかかわる意味もあります。

13 ×料理がよい香りに仕上がったかきいて／味わって／さわってみる。

このように「みる」という語が、視覚以外の感覚行為も広く表せるということも、視覚器官が他の感覚器官よりも優位であることを示唆していると考えられます。

以上、我々の身体の特徴が言葉に反映しているということをいくつかの例をあげて見ました。

フレームという知識と言語の関係

さらに、経験（を通して身につけた知識）と言語との関係について別の観点から見ていきましょう。特に、乗り物による移動ということを取り上げて具体的に検討します。

我々が乗り物に乗って出発点から目的地に到達するというプロセスは、（「前提」も含めて）以下のような段階を経るのが普通です。★

14 乗り物に乗って出発点から目的地に到達するというプロセス

(0) 前提――乗り物（自動車や自転車）を所有している、あるいは乗り物（電車やバスやタクシー）が利用できる。

(1) 出発点（自分の家など）から乗り物まで歩いて移動する。

(2) 乗り物に乗り込む。

(3) 乗り物で移動する。

★以下の内容は、ジョージ・レイコフ著／池上嘉彦・河上誓作他訳（1993）『認知意味論』（紀伊國屋書店）を参考にしたものです。

(4) 乗り物から降りる。
(5) 目的地まで歩く。

ここでは、我々が経験を通してこの種の知識を持っているということが、言語(日本語)の使用にどのような影響あるいは効果をもたらしているかについて考えてみましょう。なお、この種の、日常の経験を一般化することによって身につけた、複数の要素が統合された知識の型を「フレーム★」と言う場合があります。

さて、ある目的地で、「今日はどうやってここに来ましたか?」と尋ねられた場合、(0)~(5)までのすべてのプロセスを言語で表現するということは考えられません。つまり、次のように答えるような人はまずいないということです。

15 最近、車を買いましたので、家の玄関を出て、車のところまで行き、車に乗り込みました。そして、車を発進させ、どこどこの道を通って、この建物の前の駐車場に到着しました。それから車を降りてこの会場まで歩いてきました。

「今日はどうやってここに来ましたか?」という質問に対する答として普通に見られるのは以下のようなものでしょう。

16 a 最近、車を買ったんです。
b 最近、○○線の駅の近くに引っ越したんです。

★さらに、フレームのなかでも、14のように、出来事が連続的に生じることに関する知識を「スクリプト」と言う場合があります。

17a　運良くタクシーがひろえました。
　b　ちょうどバスが来ましたので運がよかったです。
18　車／バス／地下鉄で来ました。
19　○○駅／バス停から歩いて来ました。

　このような答が、それぞれ、先に14に示した乗り物に乗って出発点から目的地に到達するというプロセスの各段階のどの段階を言語化したものであるかを確認します。16a、bは「車を所有している」あるいは「電車が利用できる」という「前提」(14の(0))を述べたものです。また、17a、bは「乗り物に乗り込む段階」(あるいはその直前)(2)を表しています。さらに、18は「乗り物(車／バス／地下鉄)で移動する段階」(3)を、19は「乗り物から降りて、目的地まで歩く段階」(4)と(5)をそれぞれ言語化したものです。つまり、「今日はどうやってここに来ましたか?」といった質問に対する答としては、出発点から目的地までのプロセスのうちの一部分を述べるのが普通だということです。

　では、なぜ話し手は15のようにすべての段階を述べようとはせず、16〜19のように一部分だけを言語化してすませるのでしょうか。あるいは、プロセスの全体ではなくある段階だけを述べた答が聞き手に不足を感じさせず、妥当なものとして認められるのでしょうか。これは、我々(話し手も聞き手も)は、乗り物に乗って出発点から目的地に到達するという場合、経験を通して、14の(0)〜(5)の段階をこの順序で経るということを知識(フレーム)として持っているため、一部を言語化すれば、他の段階は推測可能である★からです。より一般的に言えば、我々がコミュニケーションを行う場合、フレームなどの知識を用いて容易に推測可能な内容は、言語化せずにすませるのが普通だということです。先の15のような発話が(異常なほど)くどいと感じられるのはこのためです。

★なお、物事の推測能力は個人差があると思われます。このことは日本語に「察しがいい/悪い」という言葉があることからもうかがえます。なかには「一を聞いて十を知る」というような極めて優れた推測能力を持つ人もいるわけですが。

章末問題

問1 我々が日常生活において行う「比較する」ということにはどのようなものがあるでしょうか。本章であげた以外の例を考えなさい。

問2 ある種の日本語の副詞の意味にも「比較する」という認知能力が関与しています。このことについて具体例をあげて説明しなさい。

問3 「花—サクラ—染井吉野」と同じように、捉え方の精密さが異なる一連の語の例をあげなさい。

問4 以下のa〜cの各々二つの文は、同じ事態・状況に対して何らかの意味で異なる捉え方をしています。それぞれどのような捉え方をしているか説明しなさい。

a 先日の研究会には五十人も来た。
先日の研究会には五十人しか来なかった。

b　バイクの手前に自転車がある。
　　自転車の向こうにバイクがある。

c　Gチームの投手が速い球を投げた。
　　Gチームの長身のエースピッチャーが時速百五十キロのストレートをアウトコース低めいっぱいに投げ込んだ。

第二章

認知意味論における「意味」の考え方

この章では、言葉の研究において意味を研究することの重要性・必然性を確認したうえで、認知言語学における言語の意味についての基本的な考え方を見ていきます。なお、ジョージ・レイコフ(George Lakoff)らの研究を「認知意味論」、ロナルド・ラネカー(Ronald Langacker)らの研究を「認知文法」と呼ぶ場合がありますが、この本では、認知言語学における意味の研究全般を指して「認知意味論」と言うことにします(したがって、意味の研究に多大な貢献をしているラネカーの研究も本書における「認知意味論」に含まれます)。なお、認知言語学は現在、意味の研究だけでなく、従来の言語学の区分で言えば、文法論、音韻論に当たる分野などでも研究がなされるようになってきていますが、やはり、認知言語学によって、特に意味の研究が飛躍的に発展したと言っていいと思われます。

Q5 「意味」を研究することにどんな意味があるのですか?

ここでは、言葉には必ず「意味」が伴っているということ、言い換えれば、意味がないものは言葉とは言えないということ、また、我々が言葉を使う目的のうちで最も基本的なものは「意味の伝達」であるということを確認することによって、言葉を研究するからには意味を研究することを抜きにしては言葉の本質に迫ることはできないということを見ていきます。

言葉とは意味を持ったものである

人間の言語において、語・句・文などの単位・レベルは必ず何らかの意味★を担っています。たとえば「のぼる」と「ぼのる」という二つの音の連続について、「のぼる」は日本語の語であるが、「ぼのる」などという日本語はないと判断する場合、「のぼる」には〈下から上に移動する〉というような意味があるのに対して、「ぼのる」には対応する意味がないということに基づいていると考えられます。つまり、ある言語の語とは「音（の連続）」と「意味」が結びついたもの、「音（の連続）」と「意味」の結びつきがその言語の話し手（の多く）によって認められたものということになります。複数の語からなる句★や文も意味を持つということは言うまでもないでしょう。以上のように、まさに意味を有するということが言語に不可欠な性質であるわけですから、意味を抜きにした言葉の研究がいかに不十分なものであるかがわかるでしょう。ただし、言語学のなかで、意味を研究する意味論という分野は、音韻論（言語音の研究）、統語論（文などの構造の研究）などと比べて立ち遅れていた分野であったことも事実です。これは、意味というものが、音や文の構造などに比べて、★きちんと捉えることが難しいものであることによると思われます。このように意味の研究は容易なものではありませんが、まさに認知言語学（認知意味論）によって、意味を研究する様々な方法が考案されるとともに、意味の諸々の極めて興味深い面が明らかになってきています。

なお、意味を持つものは言語に限りません。たとえば、交通信号は「青色」に〈進む

★ただし、「音素」「音節」「モーラ」といった「語」よりも小さい言語学上の単位は意味を直接担っているわけではありません。これらの単位について知りたい方は、町田健・籾山洋介『よくわかる言語学入門』（バベル・プレス）の「第２章　音韻論」を参照してください。

★「句の意味」については第四章で、「文の意味」は第五章で取り上げます。

★意味を記述・研究することの難しさを知るには、いくつかの意味の似た言葉（類義語）を辞書（国語辞典など）で調べてみるとよくわかります。「言う／話す／しゃべる」「準備／用意／支度」「やっと／ようやく／ついに／とうとう」などを辞書で引いて、意味の違いがどれくらい明確になっているか是非調べてみてください。なお、類義語については第五章で改めて取り上げます。

ことができる〉という意味が結びついていますし、学校の「チャイムの音」は〈授業の開始〉あるいは〈授業の終了〉を表します。このように、何らかの「表象」、すなわち我々が視覚や聴覚で捉えることができるものと意味とが結びついたものを「記号」と言います。したがって、言語は記号の一種であり、特にこのことに注目して、言語を「言語記号」という言い方をする場合もあります。★

ここで、記号の「表象」と「意味」の関係について改めて考えてみましょう。ポイントは、表象と意味との間に必然的な関係が見出せる(このような場合、表象と意味の間に「有契性」があると言う場合があります)のか、それとも両者の関係は恣意的である(ある言語が用いられている社会の約束事として決まっているだけであって必然性はない)のかということです。

まず、言語以外の記号の例として交通標識について見てみます。たとえば、「人間が歩いている姿」の五角形の標識は〈横断歩道〉を表しますし、「工事をしている人の姿」の菱形(正方形)の標識は〈道路工事中〉であることを示します。この種の標識は、表象と意味との間に必然性が見出せる記号であると考えられます。

一方、〈車両進入禁止〉を表す「全体が丸い形で、中央部分が白い長方形で、残りの部分は赤色」という標識の場合、表象と意味との間に必然的な関係は認められず、約束として、この表象でこの意味を表すというように決められているだけです。〈駐車禁止〉を表す標識なども表象と意味との関係が恣意的です。

★ただし、「チャイムの音」は〈授業の開始〉を表す場合も〈授業の終了〉を表す場合も同じ音であるのが普通です。したがって、そろそろ授業が始まる(あるいは終わる)時間だということがわかっている状況で、特定の意味を持つと考えられます。

以上のように、一群の交通標識★という記号には、表象と意味の関係が必然的なものも恣意的なものもあるということです。

次に、言語記号についてですが、(語などの)言語記号は、伝統的には、表象(音)と意味との関係が恣意的★であると考えられていました。確かに、「のぼる」という音と〈上から上に移動する〉という意味の結びつき、あるいは、「くだる」という音と〈下から下に移動する〉という意味の対応は必然的ではなく、日本語においてそのように決まっている、慣習として日本語の話し手に認められているというだけです。多くの語がこのような意味で表象と意味との関係が恣意的であると考えられます。

一方、これも以前から指摘されてきたことですが、言語記号のなかには、表象と意味の結びつきが(ある程度)必然的なものもあります。代表的なものは擬音語です。たとえば、幼児が「ワンワン」という音で〈犬〉を指し、「ブーブー」で〈自動車〉を表すというような場合です。言うまでもなく、指示対象が出す声や音と考えられるものでその指示対象を表すということですから、表象と意味(の一部である指示対象の持つ性質)の間に必然性が認められるということです。

以下では、音と意味との直接的関係とはやや異なるものですが、言語記号の音(形式)と意味あるいは機能に何らかの必然性が認められる場合について少し見てみます。

まず、代名詞★類は一般に音が短いということがあります。たとえば、英語の'it'や日本語の「それ」などは、英語や日本語のなかで相対的に短い語です。このことは代名詞

★交通標識については、必然的か恣意的かという二分法よりも、いろいろな程度の必然性(あるいは恣意性)を持ったものがあると考えた方がより適切だと思われます。

★言語記号の恣意性と言う場合、表象と意味の関係が必然的でないということに加えて、英語の'brother'に当たる日本語として「兄」と「弟」があるというように、言語によってモノやコトの区分の仕方が異なるということも意味します。

★代名詞に関する以下の記述は、池上嘉彦(1993)「訳者解説」(ジョージ・レイコフ著/池上嘉彦・河上誓作他訳『認知意味論』(紀伊國屋書店)所収)を参考にしたものです。

類の働きを考えるとある程度必然的なことだと思われます。代名詞類の機能の一つは、概略で、既出の表現(語、句、文など)を受ける、既出の表現の反復を避けて既出の表現と同じものを指し示すということだと考えられます。次の例を見てみましょう。

1　X:「Aさんが近々会社をやめるって知ってた?」
　　Y:「え、それ、初耳」

この会話で、Yさんの発話中の「それ」はXさんの発話の「Aさんが近々会社をやめる」の反復を避けて、同じ内容を表しています。このような機能を代名詞類が持っているとすると、音が短いということは代名詞類に期待されていること、つまりは必然的なことだと考えられます。つまり、代名詞類には、相対的に長い表現の反復を避けて、会話や文章を効率的にスムーズに進める機能があるということから、音形が短いというのは必然的だということになります。

次に、以下の例文を見てみましょう。

2a　昨日は、夕飯を食べて、しばらくテレビを見て、床に就いた。
　b　昨日は、床に就く前にしばらくテレビを見て、その前に夕飯を食べた。

2aとbは同じ出来事を描写した文であり、いずれも理解可能ですが、aの方がbよりも自然な文だと感じられるでしょう。言うまでもなく、aの文は、「夕飯を食べた」、

「しばらくテレビを見た」、「床に就いた」という「昨日」の三つの出来事（話者が行ったこと）を行った順に述べた文です。一方、bの文は逆の順に述べています。そしてaの方が自然に思われることから、複数の出来事を言語で表現する際には、出来事が生じた順序で述べる方が普通であり、あくまで「順序」に関してですが、言語表現と出来事には必然的な関係が認められるということです。なお、もちろん、bの例のように、出来事の順序に逆行した言語表現もできないわけではなく、出来事の順に表現する方が一般的により普通の表現の仕方であるということです。

言葉の基本的な機能は意味の伝達である

ここでは、言語の機能、すなわち言語はどのような働きをするのか、あるいは我々は何のために言語を使うのかということについて考えてみましょう。

我々が言語を用いる最も基本的な目的は「意味・情報の伝達」であると考えられます。我々が誰かに向かって言葉を発するのは、まさにその言葉の表す意味を伝達したい★からですし、自分に向かって発せられた言葉を理解するというのは、その言葉の意味を把握することです。

また、言語によって、最も効率的・効果的に情報の伝達を行える場合が多いとも言うことができるでしょう。たとえば、「明日の九時に会議が始まる」という内容を他の人に伝える場合に、言語を使って「明日の会議は九時に始まります」と言えば、あっとい

★当たり前のことですが、言葉による伝達ができるのは、同じ言語（さらには同じ方言）の話し手同士です。同じ言語あるいは方言の話し手であるということは、最低限、相当数の語と文法規則などを共有しているということです。

う間に伝達が可能です。それに対して、絵を描くなどの他の手段でこの情報を伝えようと思えば、相当な困難を伴うことになるでしょう。このように、我々が言語を使う最も基本的な目的は、他の人に対して意味を伝えることであるということからも、言語★を研究する際に意味の研究が重要になるということがわかるでしょう。

ところで、言語が持っている働きには、意味の伝達以外にもいくつかあります。まず、通学や通勤の途中で友人や同僚と出会い、一緒に学校や会社に向かうという状況を考えてみましょう。このような場合に、お互いに黙っていて、何も言葉を交わさないというのは気まずいことです。そこで、何か話をしながら、学校などに向かうことになります。そのような場合に、AさんとBさんが次のような会話をしたとします。

3　A：きょうは久しぶりにいい天気だね。
　　B：ほんとに。

このAさんの「きょうは久しぶりにいい天気だね」という発話は、この文が表す意味をBさんに伝達することを目的としたものでしょうか。どうもそうとは考えにくいようです。というのは、他の人に何らかの伝達を行う場合、伝達する人は相手がその伝達の内容を知らないことを前提としているからです。当然のことながら、相手が知っていると思われることをわざわざ言う必要はないのが普通でしょう。ここで3の会話に戻ると、Bさんも、Aさんに言われなくてもこの発話の表す内容は知っているでしょうし、

★ただし、言葉による伝達が常に最も効果的な伝達方法であるとは言い切れないと思われます。千万言を費やすよりも一筋の涙の方が威力を発揮するということもあるでしょう。蛇足ですが、日本語に「男泣き」という言葉があるのに対して、「女泣き」という言葉がないのは、男はやたらに泣いてはいけないという社会的圧力の反映でしょうか。

また、Aさんも、Bさんがこのことを知っているという想定で、この発話をしていると考えられます。つまり、「きょうは久しぶりにいい天気だね」という発話は、文字どおりの意味の伝達を目的としたものではないことになります。では、何を目的に発せられたのかと言えば、（どのようなことに関することであれ）何か言葉を発すること自体が目的だと考えられます。先にちょっと触れたように、何も言葉を交わさない気まずさを解消するために、互いにわかりきったことであっても、言葉のやりとりをするということです。このように、言語（言葉のやりとりをすること）には、人間関係★を円滑に保つという社交的な機能もあることになります。このことの裏には、相手との人間関係を断ちたい場合には、言葉のやりとりを拒むという手段に訴える場合もあることになります。たとえば誰かに話しかけられた場合に無視する、返事をしないというのは、相手を拒否するという強い意志を伝えることになります。

次に、ものを考えるために言語を使う場合があるということを見てみましょう。みなさんのなかに、図書館で運悪くブツブツ言いながら勉強する人の隣に座ってしまったという経験のある人がいるかもしれません。ブツブツ言いながら勉強していることは、まさに思考★や記憶の手段として言語を用いているということです。なお、多くの人は、音声化せず（ブツブツ言わず）頭のなかだけで言語を操作して思考します。以上のように、言語は思考の手段としても重要なものですが、思考は必ず言語によって行われるということではありません。たとえば、地図を見ながら目的地までの道順を考える場合、普

★なお、すでに非常に親しい間柄であれば、あえて言葉を交わさなくても気まずくないと思われます。たとえば、喫茶店にいる男女が、あまり言葉を交わさず、別々の本や雑誌を読んでいるという場合、この二人はかなり親しい仲だと推測されます。

★言語学という学問が他の学問と異なる（さらに言えば困難を伴う）点として、研究対象と研究手段（の一つ）がともに言語であるということがあると思います。つまり、言葉について考え、表現するのに言葉を使うということです。

通、言語★は介在しないと思われます。

さらに、言語の機能としてはかなり周辺的なものかもしれませんが、行動の手助けという機能もあります。たとえば、重いものを持ち上げるときに「よいしょ」と言ったり、立ち上がるときに思わず「どっこいしょ」などと口走ってしまうのは、行動の手助けとしての言語の働きであると考えられます。つまり、何も言葉を発しないで何かをするよりも、かけ声などを発しながら行った方がうまくできる場合があるということです。子供が歌を歌いながら縄跳びなどの遊びをする場合も、歌が同様に動作をうまくやる手助けになっていると考えられます。

Q6 「意味」というものをどう考えたらいいのですか？

認知意味論は意味(主に語の意味)というものを基本的にどのように考えるのかということを四★つの観点から見ていきます。一つ目は、すでに第一章で取り上げたことですが、意味は、対象に対する人間の主体的な捉え方を反映したものであるということです。二つ目は、意味の把握には百科事典的意味というものを考慮する必要があるということです。三つ目は、(百科事典的意味と関連の深いことですが)我々の多様な知識の領域を踏まえて、意味を多面的に捉える必要があるということです。四つ目は、合成語の意味は、単に構成要素の意味を足し合わせたものでもなければ、構成要素の意味とまった

★もっとも、独り言好きの人であれば、「ああ、この交差点を右に曲がればいいのか」などと言いながら地図を見ているかもしれませんが。

★本章の以下の内容は、主にラネカーの研究に基づくものです。ラネカーの文献は、p.2の注を見てください。

く関係がないのでもなく、構成要素の意味を基盤として、さらに意味が限定されたものであるということです。

以上の意味の考え方に共通するのは、人間が持っている言語の意味は、経験に根ざす面があるということです。つまり、意味の研究においても、第一章で取り上げた経験基盤主義の考え方が有効だということになります。

主体的な捉え方の反映としての意味

すでに第一章で、我々人間には、同じモノやコトであっても、異なる捉え方、意味づけをすることができる認知能力があるということを取り上げ、この種の認知能力を基盤として成り立っている言語表現についていくつか見ました。ここで改めて、認知意味論では、言語の意味においてこの種の認知能力が重要な役割を果たしていると考え、そのような考え方が言語の意味に迫る妥当で魅力的な考え方であることを確認します。

語の意味は、単にその語が指し示す対象の集合、あるいは対象が持っている客観的な特徴(の集合)と考えたのでは明らかに不十分です。第一章で取り上げた「上り坂」「下り坂」という二つの語は、同じ対象を指して用いることができます。したがって、もし、意味とは指し示す対象(の集合)であるとすると、この二語は同じ意味ということになってしまいます。これは、我々日本語を母語とする者の直観に合わないことです。つまり、この二語の意味の違いは、同一の対象をどのような視点から捉えるかに帰することができるものです。このように、語の意味には、単に語が指し示す対象(の集合の特徴)だけでなく、我々の捉え方が反映されていることになります。

もう一つ例を見てみましょう。「本題に入る前に、前置きが通常よりも長時間に及んだ」という状況を表すのに、「長い前置き」とも「長たらしい前置き」とも言う可能性があります。同じ状況を指してどちらの表現も使えるということです。ただし、「長たらしい」を使った場合には、この状況を好ましくないことと捉えていることになります。つまり、「もっと簡潔にすますことができるのに、必要以上の時間をかけた」というようなマイナス評価をしているということです。これに対して、「長い」には、好ましいか好ましくないかという評価は含まれていない、つまり中立的であると考えられます。このように、我々は、同一の状況に対して、プラスの評価を与える、マイナスの評価を与える、あるいは特にそのような評価をしない(中立的)という評価の仕分けという認知能力を持っていると考えられ、このような認知能力を反映した複数の語が実際に存在しているということです。「長たらしい」と同様のマイナス評価の語として、「古くさい」「甘ったるい」「ちっぽけな」などがあります。★

言語体系内の意味と百科事典的意味

語の意味について「百科事典的意味」を射程に入れた認知意味論の考え方を取り上げます。百科事典的意味に先立って、語の意味の伝統的な分析方法の一つである「成分★

★一方、プラス評価の語として、中立的な「大きい／大きな」に対する「壮大な」、「かすかな」に対する「ほのかな」などがあります。また、「暑い／暖かい／涼しい／寒い」という気温に関する一連の語は、いずれもプラスあるいはマイナスの評価を含んでいると思われます。つまり、「暖かい／涼しい」はプラス評価、「暑い／寒い」はマイナス評価です。さらに、夏に普通使われるのは「暑い／涼しい」という二語、一方、冬に使われるのは「寒い／暖かい」の二語でしょう。いずれの季節の場合も、マイナス評価の語とプラス評価の語が組になっているということです。

★成分分析は、音韻論において音素を弁別的素性の束として記述するという分析方法を意味論にも応用したものです。

分析」について見ておきます。まず、成分分析の考え方によると、日本語の「男／女／父／母」などの語は以下のように分析できます。

男①：〈＋人間〉〈＋オス〉
女①：〈＋人間〉〈－オス〉
男②：〈＋人間〉〈＋オス〉〈＋成熟〉
女②：〈＋人間〉〈－オス〉〈＋成熟〉
少年：〈＋人間〉〈＋オス〉〈－成熟〉
少女：〈＋人間〉〈－オス〉〈－成熟〉
父：〈＋人間〉〈＋オス〉〈＋（ある人（話し手等）より）一世代上〉〈＋直系〉
母：〈＋人間〉〈－オス〉〈＋（ある人（話し手等）より）一世代上〉〈＋直系〉
おじ：〈＋人間〉〈＋オス〉〈＋（ある人（話し手等）より）一世代上〉〈－直系〉
おば：〈＋人間〉〈－オス〉〈＋（ある人（話し手等）より）一世代上〉〈－直系〉

以上の分析結果を見ながら、成分分析の考え方について簡単に説明します。成分分析はある語の意味が他の語の意味とどのように違うのかということに特に注目した考え方です。たとえば、「男」と「女」の意味は、（〈＋人間〉という点では共通していますが）性別の点で対立しており、「男」は〈＋オス〉であるのに対して、女は〈－オス〉であるという違いがあることがこの分析では示されています（「男」を〈－メス〉、「女」を〈＋メス〉としてもまったく同じことです)。なお、〈＋オス〉などのように、他の語との意味の違いとして抽出されたものを、「弁別的意味特徴」と言います。さて、ここで、「男」と「女」をそれぞれ①、②として区別したのは、★この二つの語には(少なくとも)二つの意味があると考えられるからです。つまり、①のように、「男」と「女」それぞれのすべての年齢を含む場合と、②に〈＋成熟〉とあることからわかるように、年齢(成熟の度合い)を限定した場合があるということです。②の意味を認めるべきであることは「あそこに背の高い男(あるいは女)が立っている」などの場合の「男」あるいは「女」は「大人」(すなわち〈＋成熟〉)に限られていると考えられるからです。また、分析結果からわかるように、「男②」と「少年」、「女②」と「少女」はそれぞれ〈＋成熟〉と〈－成熟〉という点で違いがあります。ここで、「男②」を中心に見てみると、性別の点では「女②」と異なり、成熟度の点では「少年」と異なるということになります。また、「父」を中心に見てみると、性別の点では「母」と対立し、直系か否かという点では「おじ」と異なるということになります。

以上のように、成分分析は、ある語の意味を記述する際に、関連のあるいくつかの語と比較し、それぞれの語との意味の違い(弁別的意味特徴)を抽出し、その抽出されたいくつかの弁別的意味特徴の束を問題の語の意味と考えるというものです。見方を変えると、あくまで言語の体系内において意味を把握しようとする考え方とも言えます。このような考え方の背景として、ある語に存在価値があるのは、何らかの点で他★のどの語に

★さらに、「男」と「女」には、「花子に男ができたようだ」「太郎に女ができたようだ」などのように別の意味もあります。

★対象に対する捉え方も含めてまったく同じ意味のことを表現するのに、複数の語が存在するということは、言語の経済性の観点から考えても普通のことではありません。

もない意味を担っているからであるという想定があり、この想定自体は正しいものであると思われます。

また、成分分析の考え方によって、「私の父は女です」★などの文が意味的におかしいということも適切に説明できます。つまり、「父」の持つ〈+オス〉という特徴と「女」の〈−オス〉という特徴が矛盾するということです。また、「私の母は女です」という文は間違ったことを言っている文ではありませんが、当たり前すぎておかしいと感じられるでしょう。これは、「母」と「女」の分析からわかるように、「女」の持つ特徴は、「母」の持つ特徴にすべて含まれているため、「私の母」と言った瞬間に「女」であるという意味も含み、改めて「女です」と言っても何も意味がつけ加わらないため不自然に感じられるということです。

さて、成分分析によって今見たような文の不自然さがちゃんと説明できるし、ある語の意味を、他の語との意味の違いに求めるという発想自体は不適切ではありませんが、他の語との意味の違い（弁別的意味特徴）だけに注目することは、その語の十分な意味記述を保証するものではありません。たとえば、我々は、「あいつは男のなかの男だ」という文を整合性のある意味を持った文として理解できますが、ここで「男」の意味を、〈+人間〉〈+オス〉（上記の「男①」）、あるいは〈+人間〉〈+オス〉〈+成熟〉（上記の「男②」）としたのでは、この文の意味を適切に導くことはできません。また、「男のなかの男」というのは、概略で〈極めて勇敢である〉といった意味であると考えられます

★なお、ここでは、「私の父は女です」という文が、「君のお父さんは何が好きなの？」という質問に対する答などの場合は「私の父は女が好きだ」といった意味を表せるということは考えないでおきます。

が、〈＋勇敢である〉という特徴を弁別的意味特徴として「男」という語に認めることはできないと思われます。というのは、〈＋勇敢である〉という特徴はすべての男に認められるものではないし、また、たとえば「女」と比較して、「女」に〈－勇敢である〉という特徴を認めることもできません（女性のなかにももちろん「勇敢な人」はいます）。

このように、我々がある語を適切に使ったり、意味を的確に理解するには、成分分析によって抽出される弁別的意味特徴に加えて、その語が指し示す対象（のうちのプロトタイプ的なものなど）が持っている諸々の性質も知識として持っていることが必要になります。つまり、「男」という語について、この語が指示する対象（の多くあるいは一部）が持っている特徴である〈勇敢である〉という意味を知っていることが、この語（を含むある種の表現）を理解するのに必要であるということになります。なお、ある語が指し示す対象の持つ諸々の性質・特徴を、その語の「百科事典的意味」と言います。この種の意味は、従来の「辞典」にはあまり記載されておらず、「（百科）事典」に書いてあるような内容であることから、百科事典的意味と言われます。

以下では、語の意味を記述するにあたって百科事典的意味を考慮に入れることが重要であるということをさらに具体例をあげて見ていきます。まず、「子供」という語です。この語の意味の一つは「大人」という語と比較して、成分分析によって以下のように記述できると思われます。

★〈＋人間〉と〈＋オス〉はすべての男に認められる特徴です。

★國廣哲彌（1982）『意味論の方法』（大修館書店）には、英語の'child'に関する興味深い分析があります。ここではその分析を参考にしました。

子供：〈＋人間〉〈－(年齢的に)成熟〉
大人：〈＋人間〉〈＋(年齢的に)成熟〉

ここで、新入社員が配属された課の課長が「今年入ったやつはやることが子供で困る」と言った場合の「子供」の意味を考えてみましょう。そもそもこの「子供」は、〈＋人間〉〈－(年齢的に)成熟〉という意味ではなく、(大人の)ある種の行動の仕方を表していると考えられます。したがって、「子供」という語は少なくとも二つの異なる意味を持つ多義語ということになります(多義語については、第三章で詳しく検討します)。さて、多義語の場合、複数の意味に違いがあるのは当然ですが、何らかの関連も認められます。ここで、「子供★」という語(の行動の仕方ではなく人間を表す場合)の百科事典的意味として、〈自分で何をやったらいいか考えず、人に言われたことしかやらない〉、〈思慮深くない〉、〈自分勝手である〉といった意味が考えられます。そして、「やることが子供で困る」における「子供」の意味は、もっぱらこの百科事典的意味に焦点を当てたものであると考えられます。つまり、一般的な言い方をすれば、ある語の基本的な意味から別の意味が派生する際に、基本的な意味において百科事典的な意味を認めておかないと、派生した意味と基本的な意味の関係が説明できないことになります。

同様の例として、借金か何かの取り立てに来た人が「ガキの使いじゃねえんだ」とすごんだ場合の「ガキ」の意味を考えてみましょう。「ガキ」の百科事典的意味として(「子

★「大人」という語の「もっと大人になりなさい」というような使い方については、「子供」が持っている百科事典的意味の反対の意味を認める必要があるでしょう。

供」と同様）〈主体性がなく、人に言われたことにすぐ従う〉という意味を認めれば、「ガキの使いじゃねえんだ」という文は、「『お金は返せません』と言われてもすごすごとそれには従えない」というような意味であることが理解できることになります。

次に、何年か前に国会で行われた「牛歩戦術」について考えてみましょう。これは、ご存じのとおり、〈審議を引き延ばすために、投票のときに、足踏みに近いほどゆっくりと歩くこと〉ですが、「牛」の百科事典的意味として〈歩★くのが遅い〉ということを認めることのうえに成り立っている表現です。

最後の例は「月面宙返り」です。これはご存じの方も多いと思いますが、塚原光男が開発した体操の鉄棒競技の下り技の名前です。一九七二年のミュンヘン・オリンピックのときに成功させ、世界をあっと言わせた当時のウ★ルトラCです（現在では、ちょっとした体操選手ならやる技のようですが）。では、なぜこのような鉄棒の下り技に「月面宙返り」という名前をつけたかと言えば、「月面でならともかく、地球上では到底できるとは考えられないほど難しい宙返り」という気持ちが込められていると考えられます。さらに、その前提として「月面」について〈重力が地球の六分の一程度（で、地球上よりはるかに飛んだり跳ねたりしやすい）〉という百科事典的意味があるということになります。このように、「月面宙返り」という名づけ、またその理解には「月面」の百科事典的意味が重要な役割を果たしているということです。

以上、いくつかの例を通して、語の意味を記述する際に、成分分析（他の語との意味の

★現実に「牛」が他の動物に比べて歩くのが遅いかどうかは別にして、人間が牛をそのように捉えているということです。

★ちなみに、この「月面宙返り」とはどのような技かと言えば、「後方抱え込み宙返り二分の一ひねり前方抱え込み宙返り二分の一ひねり下り」です。とにかく、当時としては極めて難度の高い（世界で塚原にしかできない）技だったわけです。

違いに焦点を当て、言語の体系内において意味を把握しようとする方法)によって抽出される弁別的意味特徴(の束)に加えて、百科事典的意味(語が指し示す対象(の一部)が持っている性質や特徴)を捉えることも重要であるということを見てきました。百科事典的意味を重視するということも従来の意味論とは異なる認知意味論の特徴の一つです。

意味を多面的に捉えることの必要性

語の意味は多面的に記述することが必要だということを見ていきます。ここではまず、「金槌」という語を例に考えてみましょう。「金槌」はまず、一連の大工道具の一つとして、〈釘などを打ちつける道具〉という「機能」(ネジ回し、のこぎり、かんなといった他の大工道具とは異なる機能)を持っていると考えられます。また、このような機能を果たすために作られたものであることからある程度必然的なことだと思われますが、〈柄の部分と頭の部分(釘などと接触する部分)がほぼ垂直に結合していて、柄の部分の方が長い〉という「形」をしています。さらに、〈柄の部分は木であり、頭の部分は鉄である〉というように、「材質」の面からも特徴づける必要があります。このように「材質」の面からも特徴づけることによって、「泳げない人」を指して「金槌」という比喩的な意味も説明可能になります。つまり、「(頭の部分の)材質が鉄である」ことから「重くて水に浮かない」ということが導けるわけです。さらに、「考え方に柔軟性がない人」を指して「金槌頭」という場合も、「材質が鉄である」ために「かたい」というように、

「材質」の面から説明できることになります。

以上のように、「金槌」の意味は、少なくとも「機能」「形」「材質」という複数の面から特徴づけることが必要であることがわかりましたが、もちろん、この語に限らず、語の意味は一般に諸々の面から捉えなければなりません。なお、「金槌」における「機能」「形」「材質」のように、ある語の意味を特徴づける際に必要となる概念の領域を認知言語学では「認知領域」(cognitive domain)と言う場合があります。

さて、次に語の意味を適切に捉えるためには、関係する認知領域のある一部分が特に重要であるということを見ていきます。まず、「昨日」という語の意味を記述するには、「時間」という認知領域の観点から捉える必要があることは明らかです。一方、この語の意味に、「時間」のすべて(無限に続く過去・現在・未来)が直接にかかわっているのではないと思われます。というのは、「昨日」という語の意味は概略で〈発話時点を含む日の前の日〉と考えられますから、直接関係するのは「発話時点を含む日」と「その前の日」という「二日間」ということです。このような、語の意味の記述に必須の認知領域の一部分を「ベース」あるいは「スコープ」と言います。また、「昨日」という語は、上記のベースのなかで、「発話時点を含む日」ではなくて、「前の日」の方を指していきます。このように、ベースのなかで、ある語(の意味)が直接指し示す部分を「プロファイル」と言います。

さらに、語の意味をベースとプロファイルの関係として捉えることの妥当性、必然性を、例を追加して確認します。まず、「昨日」と「前日」の意味の違いを考えてみましょう。この二つの語のプロファイルはいずれも「前の日」です。しかし、ベースに関しては、「昨日」はすでに見たとおり「発話時点を含む日とその前の日」であるのに対して、「前日」の方は「(発話時点を含む日を除く)任意のある日(一日)とその前の日」であると考えられます。★このように考えることによって、「旅行の前日は早く寝た方がいい」と言えるのに対して、「旅行の昨日は早く寝た方がいい」とは言えないことも説明できます。

以上の考え方を、さらに「おじ」という語を例に見てみます。まず、「おじ」という語の意味を記述するには「親族関係」という認知領域の観点が必要です。ただし、「おじ」の意味に直接関係する(つまり、「おじ」という語のベースとなる)のは、親族関係のすべてではなく、その一部です。つまり、「基点となる人」「その人の親(父親か母親)」「その親の兄弟である男の人」という三種類の人とその相互の関係が「おじ」のベースです。このベースのなかでプロファイルとなるのは「男の人」です。言い換えれば、「お★じ」という語は、いくつかの親族関係を踏まえている語ですが、あくまで「人間」を指す語だということです。

合成語における意味の部分的合成性

「合成語」の意味について検討します。合成語とは複数の形態素★から成る語のことで

★「明日」と「翌日」の意味の違いも、「昨日」と「前日」の意味の違いとまったく平行的に考えることができます。

★「甥」あるいは「姪」という語の場合は、「おじ」と同様のベースにおいて、プロファイルが上で「基点となる人」としたものになります。

★形態素は、「花」「ゆっくり」などのように、単独で語になれる(あるいは一語文として発話できる)自由形態素と「お花」の「お」や「寒さ」の「さ」のように単独では語になれない拘束形態素に分けられます。

す。なお、形態素とはそれ自体意味を持つ最小の単位のことで、語よりも小さい単位です。たとえば、「花」は一つの形態素からなる語ですが、「花束」は「花」と「束」という二つの形態素から成る語です。また、「お花」であれば、「お」と「花」という二つの形態素から成る語であり、「お」にも〈表現を美化する〉というような意味が認められます。

さて、合成語の意味は、その構成要素である形態素の意味を単に足し合わせたものと考えていいかどうかを検討します。まず、「花束」という合成語の意味を考えてみましょう。「花束」の意味は、単に「花」と「束」という二つの構成要素の意味を足し合わせた〈花の束(花を束ねたもの)〉という意味よりも限定された意味を持っていると思われます。というのは、「花」を栽培している農家の人が、出荷するために「花を束ねたもの」を「花の束」と言うことはできても、「花束」と言うことはできません。つまり、「花束」は単に「花を束ねたもの」ではなく、通常、お祝いや式典などで人にあげる(あるいは贈呈する)ためのものであって、〈全体として美しく見えるように、複数の花を配置し、束ねたもの〉というようなより限定された意味を持っていると考えられます。つまり、「花束」のように、単純に構成語の意味を合わせただけの意味を持っているように見える語であっても、さらに限定された意味(それ以上の意味)を持っているということです。

次は「酢豚」という中華料理です。この合成語を構成している形態素は「酢」と

「豚」の二つだけです。この二つはこの料理を作る際に欠かせない調味料と材料ですが、「豚肉」以外にも「たけのこ」「にんじん」などを入れるのが普通でしょうし、「豚肉」を油で揚げるという調理の段階もあります。つまり、「酢豚」という語の意味は、「酢」と「豚」という二つ★の構成要素の意味を足し合わせただけでは導けないものであることは明らかでしょう。

さらに、「物忘れ」「物入れ」「物書き」などの「物＋（動詞の連用形から作られた）名詞」という形の合成語の意味について見ます。まず、いずれも「物を忘れる」「物を入れる」「物を書く」というように、「物＋を＋動詞」という表現に基づいてできた合成語（合成名詞）という共通点があります。他方、上記の三つの合成名詞には、基本的な意味の違いがあります。つまり、「物忘れ」は〈物を忘れること〉、「物入れ」は〈物を入れるもの（あるいはところ）〉、「物書き」は〈物を書く人〉というように、同じ「物＋（動詞の連用形から作られた）名詞」という合成語であっても、語によって「こと」「もの（あるいはところ）」「人」のいずれを表すかという点で違いがあるということです。言い換えれば、この種の合成語が、「こと」「もの（あるいはところ）」「人」のいずれになるかは予測できないということです。したがって、このような合成語についても、構成要素の意味を足し合わせたよりも限定された意味を持っているということになります。なお、同種の例として、「物覚え」「物真似」などは「こと」を、「物置」などは「もの（あるいはところ）」を、「物知り」「物乞い」などは「人」を表します。★

★「焼きそば」「焼き鳥」「焼き豚」なども構成要素の意味だけからは導けない意味を持っています。

★「人＋（動詞の連用形から作られた）名詞」についても、「人買い」「人さらい」などは「人」を、「人違い」「人選び」は「こと」を表すというように、語によって違いが見られます。

以上、合成語の意味は、一般に、単に構成要素の意味を合わせたものでもなければ、構成要素の意味とまったく関係がないのでもなく、構成要素の意味を基盤として、さらに意味が限定されたものと考えることができます。

次に、合成語の意味について、「分析（可能）性」（analyzability）という観点から見てみます。分析性とは、合成語の全体の意味に対して個々の要素の貢献がどの程度認められるかということです。このような分析性の度合いが合成語によって（段階的に）異なるということを具体例に基づいて見てみましょう。

まず、「木登り」という語の場合、構成要素である「木」と「登り」という二つの形態素の意味が、「木登り」全体の意味に大きく貢献していると普通の日本語話者は感じるでしょう。つまり、「木登り」という語は、語として存在する独自の単位である一方、「木」と「登り」という二つの要素から成るものであるという意識も日本語話者のなかに存在するということです。このように、「木登り」という語の場合、分析性が高い語★であるということになります。

一方、「きのこ（茸）」という語の場合はどうでしょうか。この語はもともとは「木の子」ということですが、現代日本語の話し手が「きのこ」という語を使う場合、「木」と「の」と「子」という三つの要素から成っている、あるいは、この三つの要素の意味が「きのこ」の意味に貢献しているという意識はほとんどないと思われます。したがって、「きのこ」は分析性が低い語ということです。

★「木ぐつ」「木苺」「木切れ」なども同様に分析性が高い語です。

さらに、「キツツキ」という鳥の名前の分析性は、「きのこ」と「木登り」の中間程度であると思われます。つまり、「キ(木)」と「ツツキ」という二つの要素の意味が、「キツツキ」の意味にまったく貢献していないのではありませんが、「木登り」における「木」と「登り」に比べると、貢献の度合いが低いということです。

章末問題

問1 言語記号以外の日常見られる記号のなかで、表象と意味の関係が必然的(有契的)なものと恣意的なものの例をあげなさい。

問2 文学作品(詩や小説など)、絵画といった芸術作品を記号と考えた場合、どのような意味で記号と見なすことができるかを考えなさい。

問3 言語の機能として、この章で取り上げたもの以外にどのようなものがあるか考えなさい。

問4 次のa～cの各文を理解するには、傍線を施した各語(形態素)にどのような百科事典的意味を認める必要があるか考えなさい。

a 休み中に食べすぎてブタになってしまった。
b 何寝言を言っているんだ。
c 大根足が悩みの種です。

問5　「よだれかけ」という語を、合成語の部分的合成性という観点から説明しなさい。

第三章

語の意味——意味の拡張

語の意味は、時の流れとともに変化、拡張していくものです。たとえば、「寒い」という語は、近年、今までになかった〈冗談、ギャクなどがつまらない〉というような意味で（少なくとも若い世代では）使われるようになってきています。このような語の意味の転用、拡張には何らかのしくみがあることが予想されます。もしまったく無原則に意味の拡張が生じると、コミュニケーション上支障をきたすことになるからです。

この章では、まず、このような意味の転用、拡張のしくみとして、メタファー、シネクドキー、メトニミーという三種の比喩を取り上げます。この種の比喩は、従来のレトリック研究においても長年にわたって注目されてきたものですが、近年の認知言語学においても新たな光が当てられています。ここでは、これらの比喩について、その認知的基盤を問うことも含めて、具体例に基づき検討していきます。

次に「文法化」というもともと内容語（名詞、動詞など）であったものが、機能語（助詞、助動詞、接続詞など）としての働きを持つようになる現象を取り上げます。たとえば、本来動詞である「従う」が、「この問題は極めて重要である。従って、慎重に審議する必要がある。」という文では、「従って」という形で接続詞としての働きをしています。

また、ある語の意味の変化、拡張は、誰かが今までにない意味で使うことに端を発するものです。その新しい意味が言語共同体に受け入れられて定着すると、その語は従来の意味と新しい意味の両方を持つことになります。つまり、多義語化するということです。日本語において（他の多くの言語でも同様でしょうが）多義語がごく普通に存在するということは、辞書★を見ればわかります。一つの見出し語のもとに、二つ以上の意味を区別して記載してあるというものが数多くあります。本章では、このような多義語の分析方法についても見ていきます。

Q7 語の意味はどのようにしていろいろな意味を持つようになるのですか？

まず、次の例を見てみましょう。

1 花瓶に花を活ける。
2 Aさんは職場の花だ。
3 花見に行く。
4 素敵な鉢をいただいた。

1の「花★」は、この語の最も基本的な意味で、概略が〈植物が咲かせる美しく人目を引くもの〉と考えられます。一方、2と3の「花」の意味は、1の「花」の意味と何らかの違いがあり、2の「花」の意味はおよそ〈美しく人目を引く人〉と考えられ、3の「花」は〈サクラ〉を表しています。

さて、2と3の「花」の意味は、1の「花」の意味である〈植物が咲かせる美しく人

★辞書において多義語の記述が適切になされているかどうかは別問題ですが。

★「花」という語には、「若いうちが花だ」「花の都」などのように他の意味もあります。

目を引くもの〉とどのような関係にあるのでしょうか。まず、2の「職場の花」は、「人間」であって、「植物が咲かせるもの」ではありませんが、〈美しく人目を引く（もの）〉という点で、1の「花」と共通点があることがわかります。また、3の〈サクラ〉は、明らかに〈植物が咲かせる美しく人目を引くもの〉の一種です。

次に、4の例を検討します。この文は「鉢そのものが素敵である」という解釈ももちろん可能ですが、「素敵なのは鉢そのものではなく、鉢に入っている（植えてある）花などの植物である」という状況でも使われます。つまり、「鉢」という語が〈鉢に入っている植物〉を表す場合もあることになります。

以上、「花」と「鉢」という語（あるいは形態素）を例に、その語の最も基本的な意味から、類似したものに意味が拡張したり、より特殊な、個別的な意味を表すようになったり、また、その語が本来指示するものと隣接するものに指示がずれる場合があることを簡単に見ました。

比喩とは

前節で見た「花」と「鉢」のように、形態素・語（あるいはより大きい「句」などのレベル）を本来の意味とは異なる意味に用いることを「比喩」と言います。ではなぜ、ある語を本来の意味とは異なる意味で用いるということが行われるのでしょうか。

まず、ある言語（たとえば日本語）を用いる社会に新しい事物が出現したり、誰かが今までにない考え方やアイディアを創造したり、新たなものの見方や認識をしたといった場合に、そのような事物や考え方・認識を効率的に他の人に伝達するには名前が必要になります。たとえば、「カーリング」という競技が日本で行われるようになったとき、外来語として「カーリング」という名前を取り入れなかったら、いちいち「氷の上で、円盤状の重い石を滑らせて、円の中に入れる競技」などというように言わなければならず、効率的に伝達することができません。このように、新しい事物に名前が必要な場合に、外来語として取り入れたり、その言語にこれまでにない言葉を作るという場合があることになります。ただし、このような命名方法をとり続けた場合、言葉が際限なく増えていき、言語使用者の記憶の負担が大きくなるというような不都合★が生じる可能性もあります。そこで、既存の言葉を新しい事物や考え方にも用いるということが行われるようになるわけです。

先ほどの「職場の花」などに加えて例をあげると、ある時代に「野球」というスポーツが日本に入ってきて、各イニングの前半と後半をそれぞれ表す言葉が必要になったとき、すでに日本語に存在していた「表★」と「裏」という言葉を用いるようになったというような場合です。あるいは、あるグランド整備の道具が作りだされたとき、それをすでに日本語にある「トンボ」と呼ぶというのも同様です。このような場合、必然的に既存の言葉を従来の意味とは何らかの点で異なる意味で用いることになります。ただし、当然のことながら、この種の言葉の従来の意味と新しい意味は違いがあると同時に何ら

★池上嘉彦（1993）「訳者解説」（ジョージ・レイコフ著／池上嘉彦・河上誓作他訳『認知意味論』（紀伊國屋書店）所収）に、人間の記憶能力の限界についての言及があります。

★この「表」と「裏」の例は、國廣哲彌（1982）『意味論の方法』（大修館書店）から借用したものです。

かの関連性もあります。たとえば、上記のグランド整備の道具の形が、昆虫の「トンボ」の形に似ているからこそ、「トンボ」という言葉が選ばれたわけです。もしある言葉を本来の意味とは無関係な意味に転用するというようなことが行われれば、同音異義★語が増えるばかりで、言語使用者の記憶の負担の軽減につながらないどころか、言語によるコミュニケーションに支障をきたすことにもなりかねないでしょう。

以下では、メタファー★(隠喩)、シネクドキー(提喩)、メトニミー(換喩)という三種の主要な比喩について、具体例をあげながら見ていきます。比喩がこのように下位分類できるということは、ある語が従来の意味から新しい意味に転用されるとき、その従来の意味と新しい意味との関係として大きくは三つのものに区別できるということです。さらに、三種の比喩はそれぞれ、我々が持つどのような認知能力を基盤として成り立っているかという問題についても検討します。

メタファー

① メタファーの定義と例

まず、先に見た「(職場の)花」や「トンボ」のように、類似性に基づき意味が拡張する比喩であるメタファー★について見ていきます。まず、メタファーを次のように定義します。

★同音異義語については、多義語との関係で後で改めて取り上げます。

★本書での、この三種の比喩についての基本的な考え方は、佐藤信夫（1978＝1992）『レトリック感覚』（講談社学術文庫）の考え方を受け継ぐものです。

★ここでのメタファーについての考え方と(部分的に)異なる考え方の代表的なものとしてレイコフらのものがあります。以下の文献を参照してください。ジョージ・レイコフ＆マーク・ジョンソン著／渡部昇一他訳（1986）『レトリックと人生』（大修館書店）、ジョージ・レイコフ著／池上嘉彦・河上誓作他訳（1993）『認知意味論』（紀伊國屋書店）。

メタファー――二つの事物・概念の何らかの類似性に基づいて、一方の事物・概念を表す形式を用いて、他方の事物・概念を表すという比喩。

なお、「類似性に基づく」というのは、二つの事物・概念に類似性が内在しているというよりも、我々人間が二つの対象の間に主体的★に類似性を見出すことを表していると考えた方が適切です。

以下、いくつかのメタファーの具体例を見ていきます。

5　正月休みに食べすぎて、ブタになってしまった。

5における「ブタになってしまった」は、もちろん「人間がブタという動物に変化した」ことを表しているのではありません。ブタの太っている（と一般に思われている）体型と5の文を発した人の体型の類似性に基づき、ブタという語を〈太った人間〉を表すのにも使っているということです。

また、「目玉焼き」「月見うどん」などもメタファーに基づく表現です。「目玉焼き」は、黄身と白身の配置を含めて全体の形が、（人間などの）目玉と類似していることに基づき成り立っている表現です。「月見うどん」も、うどんの上にのっているタマゴの様子と「（満）月」の類似性に基づくものであると考えられます（「月」は様々な形を見せますが、「月見」の時の「月」は円形です）。以上、主に形などの外見★の類似性に基づくメタ

★優れたメタファーとは、意外でしかもなるほどと思えるような類似性を見出したものだと思われます。

★同様のメタファーとして、「太鼓腹」「猫背」「イチローは泳ぎながらもヒットを打った」などがあります。

ファーを見ましたが、メタファーは性質などのより抽象的な類似性に基づく場合もあります。

6　語学力を武器に国際社会で活躍する。

7　あいつの罠にはまってしまった。

「武器」という語は本来〈戦いにおいて(素手よりも)威力を発揮する道具〉というような意味ですが、6の文の「武器」は概略では〈ある物事を行う際に、威力を発揮する能力、手段〉という意味です。つまり、「武器」の後者の意味は、前者の意味と〈威力を発揮する(もの)〉という共通の性質を有することに基づき成り立っていると考えられます。また、7の文の「罠」も同様です。「罠」はもともと〈動物などを捕まえるために目立たないように設置する仕掛け〉という意味ですが、7では〈人をおとしいれ、不幸な目に遭わせるための秘かな策略〉というような意味で使われています。つまり、両者の意味の〈(他者を)不幸な目に遭わせる〉、〈気づかれにくいように設ける〉という共通点に基づき、7の「罠」の意味に拡張していることになります。

さらに、次の例を見てみましょう。

8 a　ところによってはにわか雨が降るでしょう。

b　このところいい天気が続いている。

8aの「ところ」は「場所、地域」に近い意味であり、概略では〈空間的範囲〉と考えられます。一方、bの「ところ」★は「空間」ではなく「時間」にかかわる意味であり、およそ〈時間的範囲〉という意味です（「このところ」という表現は、〈現在（発話時点）と相対的に隔たりの少ない時間的範囲〉を表しています）。

さて、「空間」と「時間」は明らかに異なる領域ですが、「ところ」という語は、それぞれの領域において、何らかの〈範囲〉を表すという共通点があるため、〈空間的範囲〉という意味から、〈時間的範囲〉という意味にも拡張していると考えられます。なお、日本語において（さらに、他の多くの言語においても同様の面があると思われますが）メタファーに基づく空間★から時間への意味拡張は広く見られます。以下に、名詞に加えて形容詞、動詞の例をあげます。各組のaが「空間」の意味で、bは「時間」の意味です。

9 a　このあたりはとても静かだ。
　b　このあたりで一休みしましょう。
10 a　もっとそばに行ってよく見てみよう。
　b　覚えるそばから忘れてしまう。
11 a　Aさんの家は駅から近い。
　b　この計画が実現する日も近い。
12 a　この川は浅い。

★「ところ」という語が〈時間的範囲〉という意味を表せるといっても、どのような時間的範囲でも表せるわけではなく、現在（発話時点）と密接にかかわる範囲に限られています。つまり、「このところ／ここのところ／今のところ／現在のところ」といった表現はありますが、「あのところ」などで過去や未来の時点を表すことはできません。

★ある語が空間と時間の意味をともに持つとき、空間から時間に拡張したのであって、その逆ではないということの根拠は、多義語のプロトタイプ的意味について検討する際に、ふたたび取り上げます。

b　ここへ来てからまだ日が浅い。
13 a　橋をわたる。
b　三時間にわたって議論をした。
14 a　突然友達が来た。
b　やっと春が来た。

②　メタファーの認知的基盤

続いて、メタファーを成り立たせる認知的基盤について簡単に見ます。ここまで見てきたメタファーの具体例からもわかるように、メタファーの認知的基盤は、第一章で検討した「比較する」という認知能力（の行使）であると考えられます。ここで、比較とは何かということを改めて確認すると、複数（典型的には二つ）の対象をある観点から観察・分析することによって、共通点・相違点を明らかにするということです。この「比較する」ということのなかでも特にメタファーと関わりが深いのは、共通点を見出すということです。たとえば、AさんとBさんの二人は別の人間であり、相違点があることは当然のこととして、顔だちや性格の面で共通点・類似性を見出し「AさんとBさんは似ている」という判断を下すという場合などがこれに当たります。

ここで改めて「目玉焼き」という表現を例にメタファーの基盤となる比較するという認知能力の行使について考えると、黄身と白身を混ぜずにタマゴをほぼ円形に焼いたものを「目玉焼き」と言うのは、この料理を、人間などの目玉と比較し、様々な面で違いはある(たとえば、両者は視覚能力の有無や中央部分の色などの点で明らかに異なる)ものの、黄身と白身の配置を含めて形が目玉と類似していることを見出した結果、この料理に対しても「目玉(焼き)」★という語を使うようになったというわけです。

以上のように、メタファーは、我々が有する認知能力のなかでも最も基本的なものである「比較する」(特に、共通点・類似点を見出す)という認知能力を基盤としているということです。

シネクドキー

① シネクドキーの定義と例

次に、先に見た「花見」の「花」のように、より一般的な意味を持つ形態素・語でより特殊な意味を表す(あるいはその逆の)比喩であるシネクドキーについて見ていきます。まず、シネクドキーを次のように定義します。

シネクドキー――より一般的な意味を持つ形式を用いて、より特殊な意味を表す、あるいは逆に、より特殊な意味を持つ形式を用いて、より一般的な意味を表すという比喩。

なお、より一般的な意味とは、相対的に外延が大きい(指示範囲が広い)ということで

★「目玉焼き」と同様に、本来、身体部分を表す語がメタファーによって他の意味に転用された例として、「頭から相手にしてもらえない」「びんの首」「火の手」「組織の心臓部」などがあります。

あり、より特殊な意味とは、外延が小さい(指示範囲が狭い)ということです。「花」の例で確認します。〈植物が咲かせる美しく人目を引くもの〉と〈サクラ〉を比べると、前者に含まれるものの方が後者に含まれるものより多い(「サクラ」以外の「花」も前者には含まれる)ということがわかります。つまり、前者の方が外延が大きいということになります。見方を変えると、〈サクラ〉は〈植物が咲かせる美しく人目を引くもの〉の一種であるという包摂関係が成り立ちます。また、以下で、より外延が大きいカテゴリーを「類」、より外延が小さいカテゴリーを「種」と言う場合があります。つまり、「花」に関して言えば、〈植物が咲かせる美しく人目を引くもの〉というカテゴリーが類で、〈サクラ〉というカテゴリーが種であるということです。

さて、まず「花見」の「花」と同様に、より一般的な意味からより特殊な意味への転用(類から種への意味の転用)の場合から見ていきます。

15　タマゴ買ってきて。
16　今晩飲みに行かない?

まず、「タマゴ」はより一般的な意味としては、概略では〈鳥や魚や虫が生む球形に近いもの〉ですが、15の「タマゴ」は、日常的な場面では〈ニワトリのタマゴ〉★を指すでしょう。つまり、15では「タマゴ」という語がより特殊な意味で使われていることになります。なお、このように「タマゴ」という語が、特に〈ニワトリのタマゴ〉という

★「タマゴを買ってきて」とお母さんに言われた子供が、ウズラのタマゴやイクラ(鮭のタマゴ)を買ってきたのでは、お母さんにほめてもらえるとは思えません。

意味で使われる（他の生き物のタマゴは、「タマゴ」という語だけでは表せず、「ウズラのタマゴ」などと言わなければならない）のは、やはり、我々にとって（我々の食生活において）、各種のタマゴのなかで〈ニワトリのタマゴ〉が最も重要なものであるからだと考えられます。このように考えると、「花」で〈サクラ〉を表すことができるのも、我々日本語を使用する者にとって、花のなかで〈サクラ〉が特別な意味を持った存在であることを理解すれば納得がいくことでしょう。

「飲む」という動詞は、より一般的な意味としては、概略で〈液体などを口からお腹の中に入れる〉と考えられますが、16の「飲む」は飲むことの一種である〈アルコール類を飲む〉ことを表しています。我々は日常様々な飲み物を飲み、特に〈アルコール類を飲む〉ことが最も重要であるということに対しては異論もあるしょうが、アルコール類が各種の飲み物のなかで特別★なものであると考えることはできそうです。

さらに、次の例を見てみましょう。

17　Aさんは親戚の方に不幸があったそうだ。

18　Bさんはおめでたそうだ。

まず、17の「不幸」が〈（人間の）死〉を表し、18の「おめでた」が〈お腹に子供ができたこと〉を表すということを我々は容易に理解できます。また、「死は不幸の一種である」、「お腹に子供ができたことはおめでたいことの一種である」と捉えることができ

★佐藤信夫（1978＝1992）『レトリック感覚』（講談社学術文庫）には、「飲む・打つ・買う」がシネクドキーの例として挙がっています。

るということも明らかです。したがって、これらの表現も、本来、より一般的な意味を表す語でより特殊な意味を表すシネクドキーであることになります。

さて、このような例におけるシネクドキーに基づく意味の転用は、婉曲表現（euphemism）の一種と考えられます。一般に、人間の死、排泄、性的行為などは直接的な表現を避けるという傾向が認められますが、直接性の回避という目的を達成するために、たとえば「死んだ」と直接的に表現せずに、本来、より一般的な意味を持つ「不幸があった」（「不幸」には「死」以外にも様々なものがあります）と言うことによって、婉曲的に表現していると考えられます。また、「（お腹に）子供ができた」あるいは「妊娠した」という直接的な表現よりも「おめでた」という表現の方が好まれるとすれば、より直接的な表現の方は性★的行為の結果という連想がなされやすいということが関係していると思われます。さらに、「頭に白いものが目立ってきた」における〈白髪〉を表す「白いもの」（これは語ではなく句ですが）という表現も同様にシネクドキーに基づく婉曲表現の一種です。つまり、〈白髪〉が人間の衰えを表す一つの側面であると考えれば、婉曲的に表現する対象となりうるということです。

また、先に見た「飲む」で〈アルコール類を飲む〉という特殊な意味を表すということも、〈アルコール類を飲む〉ことが多少なりとも憚られる行為であるという意識があるとすれば、婉★曲表現の一種と考えることもできるでしょう。

続いて、次の例を見てみましょう。

★シネクドキーによる性的行為についての婉曲表現として「関係を持つ」という表現があります。

★比喩表現の婉曲性という問題は、第五章で比喩の表現効果について取り上げる際に、ふたたび検討します。

19　熱がありますので、休ませていただきます。
20　ゴールまでにはまだ距離がある。
21　明日天気になるといいね。

19の「熱」は〈高い熱〉★を表し、20の「距離」は〈長い距離〉を表し、21の「天気」は〈よい(好ましい)天気(=晴れ)〉のことです。つまり、これらはいずれも、より特殊な意味を表していることに加えて、何らかの意味で★プラス方向に限定された意味(数量や程度が大きい、あるいは物事が好ましいなど)を表しているという共通点があります。

以下では、これまで見てきたものとは逆方向のシネクドキー、つまり、本来、より特殊な意味を表す語がより一般的な意味を表すようになる場合(種から類への意味の転用)を見ていきます。

22　ちょっとお茶飲みに行かない？
23　人はパンのみにて生きるにあらず。
24　知らせを聞いて飛んできました。

22の「お茶」が指す飲み物の範囲はかなり広いと思われます。「緑茶」に加えて「紅茶、ウーロン茶」、さらに「コーヒー、ジュース、コーラ」なども含むと考えてよいでしょう。つまり、本来〈緑茶〉を表す「お茶」という語が、〈アルコールを含まない飲

★顔色の悪い子供に対して、お母さんが「お前、熱でもあるんじゃないの」と言ったのに対して、「生きているんだから熱ぐらいあるよ」と子供が答えた場合、二人は「熱」を異なる意味で使っていることになります。

★国広哲弥(1997)『理想の国語辞典』(大修館書店)では、この種の意味の転用を「プラス値派生」と呼んでいます。

み物一般〉を表すようになっているということです。23の「パン」も同様であり、広く〈食べ物一般〉(さらには、〈(精神的なものに対する)物質的なもの一般〉)を表していると考えられます。「下駄箱★」の「下駄」が〈履物一般〉、「筆箱」の「筆」が〈筆記用具一般〉を表すのも同様の例です。

次に、「飛ぶ」という動詞の基本的な意味は、〈空中を速い速度で移動する〉というような意味ですが、飛行機を使わない移動(自動車や電車や自分の足による移動)の場合にも、24のように言うことができます。24の「飛んできました」は、むしろ概略では〈大急ぎできた〉という意味です。つまり、「飛ぶ」は〈空中を速い速度で移動する〉というより特殊な意味から、〈(空中に限らず)速い速度で移動する〉というより一般的な意味に拡張していることになります。

さらに、人名や商品名(商標名)が、その人や商品と同種の人やもの一般を表すという場合も、種から類への意味の転用と考えられます。たとえば、「弁慶」は本来特定の人の名でしたが、「内弁慶」は概略で〈(家の中では)弁慶と同様に威張っている人一般〉を表すようになっています。つまり、「(内)弁慶」という表現は、ある特徴に注目して、本来この名で呼ばれていた人と同種の人一般を指すようになっているわけです。また、「小町」で〈美しい娘〉を、「ドン・ファン」で〈好色家・色事師〉を表すのも同様です。「ホッチキス」「味の素」「ウォークマン」などのように、本来、特定のメーカーの商品名を表す語が、日常生活においては同種★のもの一般を表すのに使われるのも、種から類

★「下駄箱」には、もちろん一昔前はもっぱら「下駄」が入っていたのでしょうが、現在の小学校や中学校の「下駄箱」には、「下駄」はまず入っていないと思われます。このような言語表現と現実のギャップが、「下駄(箱)」の意味が拡張した基盤にあるわけです。「筆箱」についてもまったく同様です。

★このように、固有名を用いて同種のもの一般を表す、あるいは逆に一般名を用いて特定の個人を表す(「太閤」で〈豊臣秀吉〉を表すなど)シネクドキーを特に「換称」と言う場合があります。

へのシネクドキーです。

② シネクドキーの認知的基盤

シネクドキーの基盤となる認知能力は、すでに第一章で取り上げた「同一の対象を異なるレベル（様々な程度の詳しさ・精密さ）で捉える能力」です。たとえば、〈ニワトリのタマゴ〉を単に「タマゴ」と呼ぶことも、「鶏卵」と呼ぶこともできます。「タマゴ」と呼ぶ場合は、他の鳥などが生むタマゴとの違いに注目せず、対象を大雑把に捉えて、「タマゴ」というカテゴリーの一員と見なしたということです。一方、「鶏卵」と呼んだ場合、問題の対象の持つ他の種類のタマゴとの何らかの違い、他のタマゴにない特徴に注目して、「タマゴ」の下位カテゴリーである「鶏卵」というカテゴリーの一員と捉えたということです。以上の例は、ある同一の対象に対して、捉え方のレベル（詳しさ・精密さ）の違いに応じて、「タマゴ」と「鶏卵」という異なる語を用いることができるということです。

さて、シネクドキーの場合、我々の持つこのような認知能力を基盤として、詳しさ・精密さに関して複数の異なるレベルの捉え方をした場合に、言語表現としては同一のものを用いるということです。たとえば、すでに見たように、ある対象を「花」と捉えても「サクラ」と捉えても、言語表現としては「花」を用いる、あるいは、「タマゴ」と捉えても「鶏卵」と捉えても、「タマゴ」と表現するということです。

メトニミー

① メトニミーの定義と例

三種の比喩の最後として、先に見た「素敵な鉢をいただいた」の「鉢」が〈鉢〉と隣接する〈〈鉢〉の中身である〉〈植物〉などを表すというように、主に「隣接性」に基づく比喩であるメトニミーを検討します。まず、メトニミーを以下のように定義します。

メトニミー——二つの事物の外界における隣接性、さらに広く二つの事物・概念の思考内・概念上の関連性に基づいて、一方の事物・概念を表す形式を用いて、他方の事物・概念を表すという比喩。

以下、具体例に基づきメトニミーについて検討していきます。

25　一晩で一升瓶を飲み干してしまった。
26　今日は寒いから鍋にしよう
27　松井のホームランでスタンドが沸いている。

まず、25の「一升瓶」という語は、「飲み干す」という動詞から考えて、〈びん〉そのものではなく、びんの中身である〈酒〉を指していると考えられます。同様に、26の「鍋」は鍋の中に入っている〈〈鍋〉料理〉、27の「スタンド」はスタンドにいる〈観客〉を指しています。メトニミーの最も基本的なものは、以上のように、二つの物が現実世界において隣接していることに基づき、本来一方の物を表す語が、他方の物を表すという比喩です。上記の例で改めて確認すると、〈一升瓶〉と〈酒〉が現実世界において隣接していることに基づき、本来〈一升瓶〉を表す「一升瓶」という語が、〈酒〉を表しているわけです。他の例も同様であり、〈鍋〉と〈(鍋)料理〉が隣接していることに基づき、「鍋」という語で〈(鍋)料理〉を表し、また、「スタンド」と「観客」が隣接★していることに基づき、「スタンド」という語で〈観客〉を表すことができるわけです。

以下の例を見てください。

28　手が足りないから手伝って。
29　今日は車で来た。
30　扇風機が回っている。
31　メガネが曇る。

まず、28の「手」は、手を部分として持つ〈人間(全体)〉を表しており、また、29の「車」は〈車輪〉そのものではなく、〈車輪〉を部分として持つ〈自動車(全体)〉を表しています。このように、本来、ある物の一部分を表す語で、その物全体を表すという場合もメトニミーです。「人間」と「手」は、「一升瓶」と「酒」のように別個に存在する二つの物ではありませんが、一方が他方を含み込むということから、隣接性の度合いが最も高い場合とも考えられます。なお、本来、部分を表す語で全体を表すという場合、

★童話の主人公の女の子を「赤頭巾」と呼ぶ(これは、佐藤信夫(1978＝1992)『レトリック感覚』(講談社学術文庫)であげられているものです)、めがねをかけている人を「めがね」と呼ぶなども、隣接関係によるメトニミーに基づくものです。

部分として選ばれるものは、全体を構成する他の部分と比べて、何らかの意味で重要であるもの、あるいは顕著性が高いものであると考えられます。たとえば、「手」は仕事などを行うという観点からは、体の各部分のなかで最も重要なものでしょうし、「車輪」も「自動車」の各部分のなかで重要★性が高いものであると思われます。

さて、30の「扇風機」は、「回る」という動詞とともに生じていることからもわかるように、〈扇風機〉そのものではなく、扇風機の一部である〈羽根〉を指していると考えられます。つまり、この場合、上記の「手」などの例とは反対に、本来、★全体を表す語で部分を表していることになります。31の「メガネ」の場合も同様に、メガネの部分である〈レンズ〉を表しています。

これまでの例は、空間内における物と物との隣接関係（部分と全体の関係も含めて）に基づくものでしたが、二つの出来事が時間的に連続して生じることに基づくメトニミーもあります。たとえば、「(お)手洗い」という語が〈用便(するところ)〉という意味を表すのがこれに当たります。つまり、〈用便〉と〈手を洗うこと〉が時間的に連続して行われることに基づき、字義どおりには後者を表す「(お)手洗い」という表現で、時間的に先行する〈用便〉ということも表せるわけです。なお、「(お)手洗い」という表現は、★排泄行為を直接表現することを避けた婉曲表現の一種であると考えられます。

さらに、二つの事柄が同時に生じることに基づく★メトニミーもあります。たとえば、「人前で話すと、ついかたくなってしまいます」などにおける「かたい」は、〈人間が精

★以前、航空会社の宣伝文句で、「信頼の翼」というのがありましたが、これも、「翼」という、飛行機のなかで特に目立ち、他の乗り物にはない部分で、〈飛行機全体〉を表しているというものです。

★なお、部分—全体関係に基づく比喩をメトニミーではなく、シネクドキーに含める、つまりは、類—種関係と部分—全体関係を一括りにしてしまう説もありましたが、これまでの説明から、この二つの関係は本質的に異なるということがわかっていただけたと思います。佐藤信夫（1978＝1992）『レトリック感覚』（講談社学術文庫）に、類—種関係と部分—全体関係を区別すべきであることについて説得力のある議論があります。

★「化粧室」という語もメトニミーに基づくものだと考えられます。主に女性が〈用便〉の後（前の場合もあるのかもしれませんが）に〈化粧〉をすることがあることに基づくものです。

★二つの事柄が時間的に連続して、あるいは同時に生じることに基づくメトニミーは、第四章の句のレベルの表現でふたたび取り上げます。

神的に緊張した状態にあるさま〉という意味ですが、「かたい」がこのような意味も表せるのは、「通常、精神的に緊張しているときは、筋肉などがカタクなる」ということに基づいていると考えられます。〈(肉体などが)物理的にカタイ〉ことと〈精神的に緊張した状態〉が同時に生じることにより、基本的には前者の意味を表す「かたい」という語が後者の意味まで表せるということです。次の例は、さらにこれまでとは違うタイプのメトニミーに基づく意味の転用です。

32　Aさんは本当に酒が好きだ。

33　やっとレポートが終わった。

32の「酒が好きだ」は、通常「酒を飲むことが好きだ」ということを表し、33の「レポートが終わった」は「レポートを書くことが終わった」という意味である可能性が最も高いでしょう。つまり、「酒」「レポート」などの本来〈もの〉を表す語で、〈そのものに関わること〉を表すこともできるということです。これは、〈もの〉と〈そのものに関わること〉が関連性を持つことに基づく意味の転用です。さて、「酒」を対象とする行為としては、「飲む」だけでなく、「買う」「(人に)あげる」「(祝勝会などで、人に)浴びせる」などもありえることですが、やはり、「酒」に関する行為として我々が最も普通にする行為(あるいは、我々の頭に最も浮かびやすい行為)は「飲む」ことでしょう。「レポート」に対する諸々の行為のなかでも、「書く」★ことが典型的な行為であると考えら

★教師の場合、「レポートが終わった」という表現で、「レポートを評価することが終わった」という意味を表す場合もあるでしょうが。

れます。したがって、本来〈もの〉を表す語で、〈そのものに関わること〉を表すというメトニミーの場合、表される〈こと〉は、（特別な文脈などの支えがないかぎりは）そのものに関することのなかで、最も普通に生じうること、最も普通に行うことであると考えられます。

メトニミーの最後の例として、以下の例を見てみましょう。

34 漱石／シェイクスピアを読む。
35 モーツアルトを聞く。
36 チョムスキーを研究する。

34の「漱石」、「シェイクスピア」はそれぞれ〈漱石の作品〉、〈シェイクスピアの作品〉を表し、35の「モーツアルト」も〈モーツアルトの作品〉を表します。つまり、〈ある人〉と〈その人の作品〉が密接な関係にあるということに基づき、本来、〈人〉を表す「漱石」や「シェイクスピア」という語で、〈その人の作品〉も表すことができるわけです。36の「チョムスキー」が〈チョムスキーの理論〉を表すという場合も同様です。★

② メトニミーの認知的基盤

メトニミーの認知的基盤について考えてみます。メトニミーの基盤となる認知能力

★たとえば、絵画などの芸術作品の場合、作者が誰であるかということが、その作品の何らかの意味での価値を決めるうえで重要な要因となることから、作者と作品が密接な関係にあるということは納得がいくでしょう。

は、すでに第一章で取り上げた「参照点能力」であると考えられます。

参照点能力について簡単に復習すると、ある対象を把握あるいは指示する際に、その対象を直接把握するのに何らかの困難を伴う場合、別のより把握しやすいもの、あるいはすでによくわかっているものを参照点として活用し、本来把握したい対象を捉えるという認知能力です。

さて、メトニミーを、以上のような参照点能力の観点から捉えなおすと、ある表現がメトニミーとして用いられるとは、その表現の本来の意味が参照点を表し、その同じ表現によって実際に指示されるのが問題の対象であるということになります。このことを具体例に基づき改めて確認します。「一升瓶を飲み干す」という表現においては、「一升瓶」という語が本来表す〈一升瓶〉を参照点として、〈一升瓶〉と空間的に隣接する問題の対象である〈酒〉を指示するというわけです。あるいは、「レポートが終わった」という表現の場合、「レポート」という語が本来表す〈レポート〉という〈もの〉を参照点として、これに関して最も普通に行うことである〈レポートを書くこと〉という問題の対象(行為)を表すということです。

なお、参照点は把握すべき問題の対象よりも把握しやすい、目立った存在ですが、より具体的にどのようなものが参照点になりやすいかを、メトニミーの例とともに以下にあげます。

37　相対的に参照点になりやすいもの

a　(人間以外のものよりも)人間。(例)漱石／シェイクスピアを読む。

b　(部分よりも)全体。(例)扇風機が回っている。

c　(抽象物よりも)具体物。(例)相手の腹を探る。

まず、人間である我々にとって、人間が他のものと比べて様々な意味で重要かつ際立った存在であるということは当然でしょう。「漱石を読む」★などのメトニミーにはこのようなことが基盤としてあることになります。また、通常我々がある対象を捉えるときに、その全体に目が行って、その全体を構成する各部分を捉えるには、特別な注意を払うことが必要である場合が多いと思われます。このことが、「扇風機が回っている」などのメトニミーを成り立たせていることになります。ただし、すでに見たように「手が足りない」における「手」のように、本来、一人の人間全体の部分を表す語で、人間全体を表すというメトニミーもあります。つまり、部分を参照点として全体を把握するということですが、あるものの性質や状況によっては、部分の方が際立った存在であり、把握しやすいという場合があると考えられます。「手が足りない」の「手」の場合も、仕事などを行うという状況では、人間全体のなかの「手」に注目が行きやすいということです。さらに、具体物★の方が抽象物よりも把握しやすいということは、具体物は直接視覚や触覚で捉えることができるということを考えても納得のいくことだと思われ

★ただし、すでに取り上げた「赤頭巾」のように、ものと人間が隣接していて、ものの方が際立った存在である場合には、本来ものを表す語で、隣接する人間を指示するということも可能です。

★具体物を参照点として抽象物にアクセスするというメトニミーは、第四章で、句のレベルを取り上げる際にやや詳しく検討します。

ます。「腹」というのはもちろん身体の一部であって、視覚や触覚で捉えることができる具体物です。それに対して、「相手の腹を探る」における「腹」は、概略では〈(秘かに)考えていること〉という抽象的な存在です。なお、「秘かに考えていることが腹の中に存在している」と日本語あるいは日本文化では考えられている(あるいは考えられていた)ことに基づいて、このようなメトニミー表現があるわけです。

三種の比喩の関係

比喩の最後に、これまで見てきたメタファー、シネクドキー、メトニミーの関係について確認します。結論を先取りすると、メタファーとシネクドキーは同種の比喩であり、メトニミーはこの二つとは基本的な性格が異なるものです。

たとえば、「花」という語の基本的な意味を仮に〈a〉〈b〉とする(〈a〉と〈b〉は「花」という語の基本的な意味を構成する意味特徴です)と、この意味からメタファーによって拡張した「職場の花」などの「花」の意味は〈a〉〈c〉と表すことができます。二つの意味に共通する〈a〉は、すでに見たように、〈美しく人目を引く(もの)〉ということになり、〈b〉は「花」の基本的な意味のみが持つ〈植物が咲かせる(もの)〉という意味特徴であり、〈c〉は、メタファーによって拡張した意味のみが持つ〈人間〉という意味特徴であると考えられます。メタファーは二つの事物・概念の類似性に基づくものであるということは、このように、共通の意味特徴★(つまり〈a〉のこと)を認めるこ

★ここでの共通の意味特徴は、後に取り上げる「スキーマ」という概念に相当するものです。

とができるということです。

さらに、「花」の基本的な意味から、シネクドキーに基づいて拡張した意味である〈サクラ〉という意味は〈a〉〈b〉〈d〉とすることができます。〈d〉は、「花」の基本的な意味にはなく、「サクラ」には認められるもので、さらに他の種類の花にはない特徴ということになります。ここで、「花」の基本的な意味と〈サクラ〉の関係を改めて確認すると、「花」の基本的な意味は〈a〉〈b〉であり、〈サクラ〉は〈a〉〈b〉〈d〉であることからすぐにわかるように、〈a〉、〈b〉という意味特徴は両者に共通のものです。つまり、シネクドキーの場合も、メタファーと同様に、二つの意味の間に共通の意味特徴を認めることができるということです。

このような観点から、改めてメタファーとシネクドキーの違いの方にも目を向けると、メタファーの場合には、二つの意味が食い違う意味特徴を有する(上記の例で言えば、〈b〉と〈c〉のように)のに対して、シネクドキーの場合は、一方の意味は他方にない意味特徴を余分★に持っている(上記の例で言えば、〈d〉のように)ということです。

さて、メトニミーは、空間的な隣接性、さらには多様な関連性に基づく比喩であることから、ある表現の本来の意味とメトニミーによって拡張した意味との間に共通の意味特徴が存在することを必要としません。たとえば、すでに見た「(お)手洗い」という語の〈手を洗うこと〉と〈用便〉という二つの意味の間には共通の意味特徴は認められません。

★意味特徴が多くなるほど外延は小さくなるということを確認しておきます。

以上、メタファーとシネクドキーは意味特徴の共有という共通点を有する同系の比喩であるのに対して、メトニミーはこのような特徴を持たず、基本的な性格が異なるものであることを見ました。

Q8 「馬鹿正直」や「くそ真面目」の「馬鹿」「くそ」は元の意味とどのように違っているのでしょうか?

語の意味あるいは機能の拡張には、「文法化」(grammaticalizaiton)と言われるものもあります。ここではまず文法化について論じる前提として、日本語の語あるいは形態素は、内容語(内容形態素)と機能語(機能形態素)に分けられるということを確認します。内容語とは、名詞、動詞、形容詞などのことで、何らかのものや動作や性質・状態などの★実質的内容を表す語のことです。他方、機能語あるいは機能形態素とは、助詞、接続詞、助動詞、接辞などのことで、文法関係、文と文との関係、話し手の事態の捉え方、語の文法範疇(品詞)などを表すものです。次の例を見てみましょう。

38 花子がリンゴを食べた。

39 我々は全力を尽くした。しかし、成功するにはいたらなかった。

40 いざというときは、太郎が手伝ってくれるだろう/かもしれない。

★Q8の内容は、Hopper and Traugott (1993) *Grammaticalization*. Cambridge University Press. 砂川有里子(2000)「空間から時間へのメタファー—日本語の動詞と名詞の文法化—」(青木三郎他編『空間表現と文法』(くろしお出版)所収)などを参考にしています。

★実質的内容を表すと言っても、第一章で見たように、様々なレベルの特定性の語があります。「もの」のように特定性が低い(一般性が高い)語もあれば、「染井吉野」のように特定性の高い語もあるということです。

41　寒さ／暖かみ

38の「が」と「を」という(格)助詞は、それぞれ「食べた」という行為の主体が「花子」であり、対象が「リンゴ」であるという文法関係を明示する働きをしています。また、39の「しかし」という接続詞は、「我々は全力を尽くした」という文と「成功するにはいたらなかった」という文が逆接の関係、すなわち前者の文の内容から通常予測されることに反する内容を後者の文が持っていることを表しています。40の「だろう」「かもしれない」という助動詞は、「太郎が手伝ってくれる」という事柄について、話し手が実現する可能性がある、言い換えれば確かなこととして断言はできないという捉え方をしていることを表しています。さらに、41の「さ」「み」という接辞(接尾辞)は、形容詞などの語幹について名詞化する働きがあります。

さらに、内容語と機能語の違いとしては、前者の方が後者よりも圧倒的に数が多いということがあります。このことは、日本語の名詞や動詞の数が助詞や助動詞の数よりもはるかに多いということからも納得がいくでしょう。★

さて、文法化とは、もともと内容語であったものが、機能語としての働きを持つようになるという現象のことです。たとえば「馬鹿ていねい／馬鹿正直」「くそ真面目／くそ度胸」などの「馬鹿」「くそ」などは名詞から接頭辞化して、どちらの語も〈程度がはなはだしくて好ましくない〉といった意味に抽象化しています。これは文法化の一例

★少し別の見方をすると、名詞などは特に外来語を見ればわかるように、新しい語が次々と生まれて(は消えて)いますが、助詞などは短期間にメンバーが変わるということはありません。

です。以下では、現代日本語において内容語としても機能語としても用いられる語を取り上げて、文法化について具体的に見ていきます。

名詞の文法化

まず、名詞の文法化です。以下の例を見てみましょう。

42 a 私が住んでいるところは、駅から近くて便利です。
b 彼にお願いしたところ、すぐに承諾してくれた。
c 彼に手伝ってもらったところで、どうなるものでもない。

43 a ものの名前を覚えるのは苦手です。
b 君にできないんだもの／もん、ぼくには到底無理だよ。
c 一応やってはみたものの、ちゃんとできているかどうかまったく自信はない。
d すぐにやればいいものを、何をぐずぐずしているんだ。

42は、「ところ」という名詞が文法化して接続助詞に相当する働きをするようになったことを示す例です。つまり、例文 a の「ところ」はもちろん名詞ですが、b の「彼にお願いしたところ」は「彼にお願いしたら」に近い意味を表していることからも、「ところ」が接続助詞化していると考えられます。また、c においても、「ところ」が

「で」を伴い「ところで」の形で接続助詞としての働きをしています。

43は、aのように本来名詞である「もの」が、bでは「から」に近い意味の接続助詞として機能しています。また、c、dでは、それぞれ「の」「を」を伴い「ものの」「ものを」という形で接続助詞化して、「ものの」は「が／けれども」、「ものを」は「のに」近い働きをしています。

次に、以下の例を見てみましょう。

44 a これは私が前から欲しかったものだ。
b 子供の頃は毎日暗くなるまで外で遊んだものだ。
c 苦労してやり遂げたときはうれしいものだ。
45 a ここが名古屋で一番にぎやかなところだ。
b 大雨のなか、今帰ってきたところだ。
46 a これが私の言いたいことだ。
b とにかくやってみることだ。
47 a これが彼女が会社をやめたわけだ。
b 道理で野球がうまいわけだ。

44～47はいずれも、「名詞＋だ」という形が、助動詞化しているものです。44～47のaの例は、「もの」「ところ」「こと」「わけ」が本来の名詞として使われており、それに

★本来〈連歌・連句の最後の句〉を表す「あげく(挙げ句)」という名詞が、「好き勝手なことを並べ立てたあげく、こちらの話は何も聞かず帰ってしまった」というように使われる場合がありま す。この種の「あげく」も接続助詞に近い働きをしていると思われます。

助動詞（あるいは判定詞）の「だ」がついています。一方、他の例は助動詞化していると考えられます。

まず、44のbとcの文はともに「ものだ」がなくても成り立ちます。つまり、「子供の頃は毎日暗くなるまで外で遊んだ」なども正しい日本語の文です。見方を変えると、「ものだ」は話し手がある出来事をある捉え方で捉えたことを表しています。たとえば、bの文では、「子供の頃は毎日暗くなるまで外で遊んだ」ということをなつかしい気持ちで回想しているといった意味を「ものだ★」が表していますし、cの文では「苦労してやり遂げたときはうれしい」ということが一般的な傾向として認められるということです。

45bの「大雨のなか、今帰ってきたところだ」という文の「ところだ」は、「帰ってくる」という出来事はすでに完了したことであるが、まだ、「帰ってきた」ことの影響下にある（ほっとしている、余韻に浸っているといった意味で）ことを表しています。

46bの「とにかくやってみることだ」の「ことだ★」は、「とにかくやってみる」ということを、話し手が聞き手に求めていることを表しています。

47bの「道理で野球がうまいわけだ」の「わけだ」は、ある事柄に対する理由・原因が判明し、納得するという意味です。この例文に即して言うと、ある人が野球がうまいことはすでに知っているが、なぜかと思っていたところ、甲子園に出場経験があるといったうまい理由がわかり、納得したということです。

★「苦労してやり遂げたときはうれしい」というように断言する場合と違って、「ものだ」がつくと「一般的な傾向」を表すので、「苦労してやり遂げたときはうれしいものだが、彼は全然よろこばなかった」というように、例外的なことを表す表現を後続させることができます。

★「こと」には、「使用後は水を流すこと」というように、不特定多数の人に対する指示・命令を表す用法もあります。

以上、「名詞＋だ」が助動詞化しているケースを検討しました。続いて、次の例を見てみましょう。

48 a 花子はお母さんが待っているところまで走っていった。
b 昨日、佐藤さんがきれいな女性と歩いているところを見た。
49 a 学問に対するおそれの気持ちを抱く。
b 景気がさらに悪化するおそれがある。
50 a これは好きとかきらいとかという問題ではない。
b 最近の若い人たちは苦しいことをなるべく避けようというきらいがある。

48〜50の「ところ」「おそれ」「きらい」の各語は、aとbのいずれの文においても名詞であり、内容語が機能語になっているのではないので典型的な文法化ではありません。ただし、48bの「ところ」は〈場面／状況〉、49bの「おそれ」は〈好ましくない可能性〉、50bの「きらい」は〈好ましくない傾向〉といった意味であり、いずれの語の場合も、意味が抽象化しているとともに、必ず修飾要素を必要とするという制約が生じ、名詞としての自立性が弱くなっていることから、文法化に準じるものだと考えていいでしょう。

以上、名詞の文法化について具体例に基づき検討しました。

動詞の文法化

続いて、動詞の文法化について検討します。まず、以下の例のように、動詞★が補助動詞化し意味も抽象化する場合があります。

51 a あそこに花子がいる。
b 花子がグランドを走っている。
c 車が止まっている。

52 a あそこに郵便局がある。
b 窓が開けてある。

53 a ぼくは毎週この番組をみる。
b とにかく彼にお願いしてみる。

「いる」は、51aのように本動詞としては〈生きものが(あるところに)存在している〉という意味を表しますが、bでは動詞に後続して、〈行為や出来事が継続中である〉という意味を表しているし、cでは〈行為や出来事の結果が残っている★〉といった意味を表しています。例文cに即して言えば、「あるとき車が止まるということが生じ、その結果である車が停止した状態が今も続いている」ということです。

また、「ある」も52aのように本動詞としては〈無生物が(あるところに)存在している〉という意味を表しますが、bでは補助動詞として〈誰かの行為の結果が残ってい

★以下では補助動詞と区別するために本動詞と言う場合があります。

★この種の瞬間動詞に「(て)いる」がついたものについては、第五章でふたたび取り上げます。

る〉といった意味を表しています。例文bに即して言えば、「誰かが窓を開けるという行為を行い、その結果である窓が開いた状態が現在も続いている」ということです。つまり、「いる」と「ある」はいずれも、補助動詞として先行する動詞の表す内容を補足する(つまり継続中であるとか結果が残っているなどの)働きも持つようになっているということです。

さらに、「みる」★は、53aのように本動詞としては〈対象を視覚で捉える〉というような意味が基本ですが、補助動詞化した★bでは、〈(何らかの結果を知るために)試みにあることを行う〉といった意味を表しています。

次は、動詞から接続詞へという文法化です。次の例を検討してみましょう。

54 a 答につまってしまった。

b この問題は専門的な知識を必要とします。つまり、我々だけではどうにもならないということです。

55 a 医者の指示に従った方がいい。

b この件に関しては我々に責任はない。従って、そのような質問に答える必要はないと判断する。

56 a このミスは君の不注意によるものだと思う。

b 本日の審議はすべて終了しました。よって、解散とします。

★「みる」が視覚行為以外も表せるということは、第一章で見たとおりです。

★「だんだん寒くなってきた」「徐々に意識が薄れていく」「とりあえず用意しておく」「がんばって原稿を書いてしまう」なども補助動詞化した用法です。

54〜56のそれぞれaの傍線を施した部分は、その語が本来の動詞として使われているものです。一方、54bの「つまり」は、「つまる」という動詞の連用形が接続詞となったものですし、55bの「従って」と56bの「よって」は、それぞれ「従う」と「よる」という動詞に「て」が後続した形で接続詞化したものです。

次は、動詞がある種の先行する要素を伴って接続助詞へと文法化した例です。

57　秋が深まるにつれて、木の葉が色づいてきた。
58　わがチームは練習に練習を重ねてきたとはいえ、試合に勝てる保証はない。

57の「秋が深まるにつれて」は「秋が深まると」に近い意味であり、58の「練習に練習を重ねてきたとはいえ」は「練習に練習を重ねてきたが／けれども」に近い意味であることから、「につれて」★「とはいえ」が接続助詞に相当する働きをしていることがわかるでしょう。

さらに次の59〜63の例を見てみましょう。

59 a　学生の自主性に重きをおく。
　 b　彼は国際親善において多大な貢献をした。
60 a　そこの本をとってくれる？
　 b　これは私にとっては深刻な問題なんです。

★「につれて」と類義のやはり文法化した表現として「に従って」(この研究会も、回を重ねるに従って、充実してきた)もあります。

61 a　この要求を何とか通したい。
b　この仕事を通して多くのことを学びました。
62 a　上司のあとについてお得意先を回る。
b　大学のあり方について議論する。

59〜62のそれぞれaの傍線を施した部分は、その語が本来の動詞として使われているものです。一方、bの「〜において」「〜を通して」などのような「に」や「を」という助詞に動詞の「て」の形が結びついたものは、格助詞あるいは後置詞★に相当する働きをしています。たとえば、59bの「(国際親善)において」は「(国際親善)で」に近い意味を表していますし、60bの「(私)にとって」は「(私)に」に近いものです。また、61bの「(この仕事)を通して」は英語の前置詞 'through' に近い働きをしているし、62bの「(大学のあり方)について」は英語の前置詞 'about' に相当するものだと考えられます。

以上、動詞の文法化について具体例に基づき検討してきました。

Q9　一つでたくさんの意味がある言葉はどのように分析するのですか?

本節では、比喩が言語共同体に受け入れられた結果生じる多義語について、いくつか

★「山が」の「が」、「本を」の「を」、「先生に」の「に」、「駅から」の「から」などは伝統的な文法では格助詞に分類されるものですが、英語の前置詞に対して、名詞(句)の後に位置することから後置詞と呼ばれることがあります。

の観点から見ていきます。特に、多義語、同音異義語、単義語の関係を確認したうえで、多義語を分析する際の課題を示し、具体例に基づき分析方法について説明していきます。

比喩から多義語へ

まず、比喩に基づく表現が多義語化するプロセスについて簡単に見ます。さて、新しい事物や概念、あるいはこれまでにない物事の捉え方や認識を表すのに、ある語を従来の意味とは異なる意味に用いることが比喩でしたが、その語がこの新しい意味で繰り返し用いられることによって、その意味がその語の意味の一つとして定着する場合があります。つまり、その語が、従来からある意味と比喩として用いられ定着するようになった意味の両方を持つ語になるということです。このように複数の意味を持つ語を多義語★と言います。

ある語が多義語化するプロセスとして、個人レベルと言語共同体レベルがあります。まず、個人レベルでは、ある語が新しい意味で使われることを何度も経験し(使われるのを何度も聞いたり読んだりし)、また、自分でもその語を新しい意味で繰り返し使うことによって、その意味をその語に定着したものとして習得するようになるというプロセスが考えられます。私自身の経験として、「おいしい」という語の「おいしい話/バイト」といった使い方(およそ〈割がいい/都合がいい〉といった意味)を十五年くらい前にはじめ

★すでに比喩の例としてあげたものは、このような意味で多義語化しているものも多いと思われます。

て耳にし、その後何度か見聞きするうちに、「おいしい」という語の一つ意味として理解するようになったということがあります。一方、言語共同体レベルでは、最初、誰かがこれまでにない意味である語を使った後、同じ言語を使う言語共同体の他のメンバーもその意味で使うようになり、最終的に多くの人がその意味をその語に定着したものとして理解し、使用するようになるというプロセスが考えられます。両者の過程を経て、比喩的な意味が定着し、多義語が成立するわけです。

同音異義語・多義語・単義語

まず、以下の例文を見てみましょう。

63 a　このじしょ(辞書)はとても使いやすい。
　b　Aさんは一等地にじしょ(地所)を所有している。
64 a　Bさんの家は駅から近い。
　b　この計画が実現する日も近い。
65 a　あの子は腕白だ。
　b　あそこに赤いスカートをはいた子がいる。

63a、bの「じしょ」はそれぞれ〈辞書〉★と〈地所〉を表しており、64a、bの「近い」はそれぞれ概略で〈二つの地点の間の隔たりが小さい〉という空間領域に関する意

★ここでは、便宜的に漢字表記によって意味(の違い)を表します。

味と〈二つの時点の間の隔たりが小さい〉という時間領域に関する意味を表しています。また、65aの「子」は〈男の子〉、bの「子」は〈女の子〉と解釈するのが普通でしょう。以上のように、63〜65は、いずれも一つの音形に二つの意味が対応しているという点では同じです。それでは、違いはないのでしょうか。

まず、63の「じしょ」という音形に対応する〈辞書〉と〈地所〉という二つの意味の間に何らかの関連性を見出すことは難しいでしょう。見方を変えれば、一方の意味から何らかの比喩に基づき他方の意味が生じたとは考えられないということです。つまりは、別の二つの語が偶然同じ音形を有しているということです。このような関係にある複数の語を「同音異義語」と言います。なお、日本語には、「雲」と「蜘蛛」、「居る」と「要る」、「展開」と「転回」、「法医学」と「方位学」などの数多くの同音異義語★があります。

64の「近い」に関しては、すでにメタファーのところでも見たように、二つの意味は関連があり、「空間」の意味から「時間」の意味へメタファーに基づき転用していると考えられます。さらに言えば、二つの意味の間には(空間領域と時間領域の違いを捨象したレベルで)〈二点間の隔たりが大きい〉という共通点が見出せます。このように、一つの音形に、関連★のある複数の意味が対応している語を「多義語」と言います。

65の「子」は、「子」という語自体に〈男の子〉と〈女の子〉という二つの意味があるというよりは、「子」という語自体の意味としては性別に関しては限定されていない

★同音異義語は、アクセントも同じ複数の語を指します。したがって、「切る」と「着る」、「練る」と「寝る」は(東京方言などでは)同音異義語ではありません。

★関連のある複数の意味と言う場合、「近い」のように共通の意味特徴が見出せる場合だけでなく、複数の意味がメトニミーの関係にある(したがって、共通の意味特徴の存在を必要としない)場合ももちろん含みます。

と考えた方が妥当だと思われます。つまり、aでは「腕白だ」、bでは「スカートをはいた」という表現があるため、それぞれ性別を特定できるということです。以上から、「子」は同音異義語でも多義語でもなく、仮に〈大人の年齢に達していない人〉とでも記述できるような一つの意味を持つ「単義語★」であって、文脈や場面の手助けによって性別を特定できる場合があるということです。

　以上、同音異義語、多義語、単義語の違いに注目してきましたが、以下では、この三★種の連続性に目を向けてみましょう。特に、より具体的なレベルの複数の意味（上記の63〜65においてそれぞれ仮に認めた二つの意味のレベル）と複数の意味に共通する抽象的なレベルの意味のどちらが、ある語の意味として確立していて、顕著であるかという観点から見ていきます。なお、互いに異なる面もある複数の意味に共通する意味を想定するということは、具体的なレベルの一方の意味から他方の意味へメタファーに基づき転用されたということが前提となります（つまり、メタファー以外の比喩に基づく場合はここでは考えません）。

　まず、先に同音異義語であるとした「じしょ」（「辞書」と「地所」）の場合、「じしょ」という音形に〈辞書〉と〈地所〉という十分に確立した意味があります。さて、先にこの二つの意味を関連づけることは難しいと言いましたが、両者の意味上の共通点をあえて見出そうとすれば〈（物理的な）もの〉という共通点（抽象的なレベルの意味）を抽出することができるでしょう。ただし、この意味は「じしょ」という音形に結びつき確立した

★「子」にはもちろん「親」に対する意味もあり、この意味も考慮に入れれば、多義語ということになります。

★以下の議論は、Tuggy, D.（1993）"Ambiguity, Polysemy, and Vagueness." *Cognitive Linguistics* 4-3. pp. 273–290. を参考にしたものです。

意味とは考えられません。つまり、「じしょ」という音形に対して想定できる〈辞書〉と〈地所〉という具体的なレベルの意味と〈(物理的な)もの〉という抽象的なレベルの意味を考えた場合、「じしょ」★という音形に結びつく確立した意味は明らかに具体的なレベルの意味の方です。

先に単義語であるとした「子」の場合、具体的なレベルの意味としては〈男の子〉と〈女の子〉、両者に共通する抽象的なレベルの意味としては仮に〈大人の年齢に達していない人〉という意味が想定できます。さて、「子」の場合は、「じしょ」とは反対に、「子」という音形に結びつく確立した意味は〈大人の年齢に達していない人〉という抽象的なレベルの意味の方であって、すでに見たとおり、具体的なレベルの意味の方は、文脈によって特定できる場合があるだけであり、「子」という音形に結びついたものではありません。

さらに、先に多義語とした「近い」という語の場合、具体的なレベルの意味である〈二つの地点の間の隔たりが小さい〉という空間領域に関する意味と〈二つの時点の間の隔たりが小さい〉という時間領域に関する意味が両方とも、「近い」という音形に結びついているとともに、〈二点間の隔たりが小さい〉という二つの意味に共通する抽象的なレベルの意味も「近い」という音形に結びついていると考えられます。つまり、我々は、「近い」★という語に関して、空間と時間という領域の違いを捨象した〈二点間の隔たりが小さい〉という意味も想定できるということです。

★我々が「じしょ」という音を聞いて、〈(物理的な)もの〉という意味を思い浮かべる可能性はないでしょう。

★「近い」には、「完璧に近い出来」などのように、他の意味もありますが、ここでは考えないでおきます。

以上、ある語に関して、具体的なレベルの（複数の）意味と抽象的なレベルの意味のどちらが確立していて顕著であるかという観点から見てきました。まず、同音異義語の場合は具体的なレベルの意味の方が確立しているのに対して、単義語の場合は逆に抽象的なレベルの方が確立しているということです。さらに、多義語の場合は、具体的なレベルの意味と抽象的なレベルの意味の両方が確立していると考えられ、つまりは、多義語は同音異義語と単義語の中間に位置づけられ、このような観点から見ると三者は連続していることになります。

なお、各語に関して、具体的なレベルの意味、抽象的なレベルの意味という言い方をしてきましたが、同音異義語、多義語、単義語をすべて射程に入れて補足説明をします。まず、同音異義語の具体的なレベルの（複数の）意味と単義語の抽象的なレベルの意味は、ともにその語が持つ確立した意味であることから、同じレベルの意味であることになります。さらに、多義語の場合にこれと同じレベルの意味は、具体的なレベルの意味と抽象的なレベルの意味の両方です。というのは、多義語の場合、この二つのレベルの意味がともにその語の確立した意味であると考えられるからです。

多義語分析の課題

本節では、多義語を分析するにあたって解明しなければならないと考えられること、すなわち、多義語分析の課題について簡単に述べます。多義語分析の課題として少なくとも以下の三つが考えられます。

(1) 複数の意味の認定
(2) プロトタイプ的意味の認定
(3) 複数の意味の相互関係の明示

以下、上記の課題について、課題の必然性と理論的背景を中心に簡単に補足説明をします。まず(1)の課題は、多義語の定義から必然的に導かれるものです。つまり、多義語は(相互に関連のある)複数の意味を持つのですから、多義語(と想定されるもの)の意味を記述するにあたり、複数の意味が存在することを示すことが前提になります。

(2)の課題は、すでに第一章で取り上げた、認知言語学において広く認められるプロトタイプ理論(プロトタイプに基づくカテゴリー化)に基づくものです。つまり、多義語の複数の意味全体を一つのカテゴリーと考えた場合、そのカテゴリーを構成する個々の要素、つまり個々の意味は、すべて同等の重要性を持つのではなく、何らかの意味で優劣があるということを前提とするものです。このような前提に基づき、複数の意味のなかで最も基本的であり、慣習化の程度が高く、想起しやすいといった特徴を備えたものをプロトタイプ的意味と認定することになります。

(3)の課題は、多義語の定義から必然的に導かれるものです。つまり、多義語の複数の意味には相互に何らかの関連が認められるのですから、個々の多義語の分析にあたり、その関連の実態を明らかにすることが課題となります。さらに、多義語の実際の分析を通して、複数の意味の間には一般にどのような種類の関連が認められるかということを明らかにすることも重要な課題です。なお、意味の転用・拡張を生じさせる比喩の重要な下位類としてメタファー、シネクドキー、メトニミーという三種の比喩が認められ、さらには、比喩によって生じた新しい意味が定着した場合に多義語が生じるということからすれば、必然的にこの三種の比喩が多義語の複数の意味を関連づける重要なメカニズムであることになります。

複数の意味の認定

本節では★、多義語（と想定されるもの）に複数の異なる意味が存在することを明らかにする方法について考えていきます。基本的な考え方は、（直観的に異なると感じられる）複数の意味について、関連語（反義語、類義語、上位語など）が異なることを示すということです。つまり、それぞれの意味に意味の異なる別々の関連語が対応することから、その複数の意味は意味が異なるということが導けるわけです。さらに言えば、多義語の各意味（これを、「多義的別義」と言う場合があります）は、それぞれの関連語とともにある概念領域に属する、つまりは、各多義的別義は異なる概念領域に属することを明らかにするということです。以下具体的に見ていきます。

まず、「高い」という語の反義語は、「背が高い」などの場合は「低い」であるのに対

★本節の内容は、國廣哲彌（1982）『意味論の方法』（大修館書店）を参考にしています。

して、「値段が高い」などの場合は「安い」です。つまり、「低い」と「安い」という明らかに異なる意味を持つ二つの語が、「高い」に対応することから、「高い」は(少なくとも)二つの多義的別義を持つと判断できることになります。同様の例として以下のようなものがあります。

66 a この問題はやさしい/むずかしい。
b あの先生はやさしい/きびしい。

67 a この金属はかたい/やわらかい。
b A候補の当選はかたい/あぶない。

つまり、「やさしい」には「むずかしい」と「きびしい」という異なる反義語があり、同様に、「かたい」には「やわらかい」と「あぶない」が対応することから、「やさしい」★と「かたい」はともに異なる複数の意味を持つことになります。

ただし、反義語に基づく方法が、多義語的別義の区別に常に有効であるとは言えません。たとえば、「明るい」という語には、以下の三つの例に対応する意味が区別できると思われますが、いずれの場合にも、対応する反義語は「暗い」という語です。

68 a この部屋は明るい/暗い。
b 花子は性格が明るい/暗い。

★なお、「やさしい」の通常の漢字表記は、66 aの場合は「易しい」、bは「優しい」というように異なりますが、漢字表記が異なれば多義語ではなく同音異義語であるとは言い切れません。「易しい」と「優しい」には十分意味の関連性が感じとれますし、「かたい」の漢字表記としては少なくとも「固い」「堅い」「硬い」の三つがありますが、漢字表記の違いが同音異義語ほどの意味の違いを生み出しているとは考えられません。

c　私はこの辺の地理に明るい／暗い。

つまり、「明るい」と「暗い」は、同じように意味が拡張し、ともに三つの概念領域に属する意味を持っているということです。

次に「買う」という語について見てみます。「買う」という語の反義語★としてすぐに頭に浮かぶのは「売る」という語ですが、以下の例からわかるように、必ず「売る」が対応するわけではありません。

69 a　AさんはBさんから車を買った。
b　BさんはAさんに車を売った。

70 a　AさんはBさんから恨みを買っている。
b×BさんはAさんに恨みを売っている。
c　BさんはAさんに恨みを持っている。

71 a　AさんはBさんのやる気を買った。
b×BさんはAさんにやる気を売った。
c　BさんはAさんにやる気を訴えた。

つまり、70aの「恨みを買う」などの場合は「売る」ではなく、「(恨みを)持つ」が対応します。「買う」の反義語の一つが「持つ」であるというのは意外な感じがするかも

★「買う」と「売る」が反義語であるといっても、「高い／低い」などとは性質が異なります。「買う／売る」は第一章で取り上げた「上り坂／下り坂」と同種の反義語で、69の例からもわかるように、同じ事態を異なる視点から捉えるという反義語です。

しれませんが、「恨みを買う」に近い意味を「恨みを持たれる」で表せることを考えれば、ある程度納得がいくでしょう。また、71 aの「やる気を買う」の場合も反義語は「売る★」ではなく、71 cのように「(やる気を)訴える★」などが考えられます。以上、「買う」も異なる反義語が存在することから、複数の多義的別義を持つと判断できることになります。

　次に類義語に基づく方法について検討します。まず、「うまい」という語は、「あの人はボウリングがうまい」などの場合は、「上手だ」という類義語が考えられますが、「あの店のきしめんはいつ食べてもうまい」などであれば、「おいしい」が最も意味の近い語です。同様の例として、以下のものがあります。

72 a　太郎はいつもきたない／よごれた服を着ている。
　 b　あいつのやり方はきたない／ずるい。
73 a　選択肢のなかから最も適当な／適切なものを一つ選びなさい。
　 b　あの人はいつも適当な／いい加減なことばかり言う。
74 a　よくわからないところを先生にたずねた／質問した。
　 b　先日Aさんのお宅をたずねた／訪問した。

　なお、「明るい」という語は、反義語に基づく方法では複数の意味を適切に区別することができませんでしたが、類義語に基づく方法は用いることができます。つまり、

★「あの人はやる気を売りにしている」といった言い方は最近使われるようになってきていますが。

★ただし、69 a、bと70 a、cがそれぞれ同じ事態を述べた文であるのに対して、71 a、cの二つの文は同じ事態を述べた文ではありません。つまり、「BさんはAさんにやる気を訴えたが、AさんはBさんのやる気を買わなかった」ということがありえるということです。

「性格が明るい」の場合は「明朗だ」、「地理に明るい」の場合は「詳しい」という類義語がそれぞれ考えられます。「部屋が明るい」の場合は類義語が思いつきませんが、「明朗だ」も「詳しい」も類義語ではないことは明らかです。

続いて、上位語に基づく方法を取り上げます。まず、「バラという花」「イヌという動物」「言語学という学問」などの表現からわかるように、「XというY」という表現が可能な場合、「XはYの一種である」という関係が成り立ちます。XとYがこのような関係にある場合、Yを上位語、Xを下位語と言います。

さて、「白」という語には、色の意味に加えて、「あいつは白だと思う」などのように〈犯人である疑いがない〉という意味もあります。このように「白」には異なる意味があるということは、「白という色」と「白という判断」という二つの表現が可能であることからも確認できます。つまり、「白」という語の上位語は「色」と「判断」の二つがあるということであり、「白」には「色」という概念領域に属する意味と「判断」という概念領域に属する意味があるということです。「黒」は「白」とまったく同様に、「黒という色」「黒という判断」と言えることから、異なる概念領域に属する二つの意味を持っていることが確認できます。また、「赤」は、「赤という色」と「赤という思想」という二つの表現が可能であることから、「色」と「思想」という二つの概念領域に属する異なる意味があることになります。

以上、多義語の複数の意味を認定する方法について説明しました。

プロトタイプ的意味の認定

本節では、多義語分析の課題の一つである、複数の意味のなかからプロトタイプ的意味を認定するということについて、言語事実に基づく一つの方法★を具体的に説明します。なお、多義語のプロトタイプ的意味について改めて確認すると、複数の意味のなかで最も基本的なもののことであり、基本的であるということは、最も確立されていて、中立的なコンテクストで最も活性化されやすい（想起されやすい）といった特徴を有するということです。

ここでまず、「もの」と「やつ」という語を含む以下の例文を見てみましょう。

75a　ここにものを置かないでください。
　b　私のようなものが出席してよろしいでしょうか。
　c×ものが出席してよろしいでしょうか。
76a　赤いやつをくれ。
　b　やつはまだ来ないのか。
　c×やつをくれ。

75a、76aからわかるとおり、「もの」と「やつ」はいずれも〈物体〉を表すことができます。また、75b、76bからわかるとおり、「もの」と「やつ」はともに〈人間〉も表せます。つまり、「もの」★と「やつ」はいずれも、〈物体〉と〈人間〉の両方の意

★実験に基づくという方法もあります。ごく簡単に言うと、相当数の被験者に分析対象語である多義語を含む文を作ってもらい、最も多く使われた意味をプロトタイプ的意味と認定するという方法などがあります。この種の方法は、少なくとも複数の意味のなかで想起しやすいものは何かということを反映することになります。

★「もの」と「やつ」が〈人間〉を表せるといっても、ある種の人間に限定されていると思われます。まず「もの」は、他者を見下したり、自分を卑下した場合に用いるのが普通です。たとえば、「もの（者）」を含む合成語は、「裏切り者／怠け者／流れ者」などマイナスの意味のものが中心です。「私のようなもの」という言い方は自分を卑下した言い方です。「やつ」は他者に対して見下したり、親しみを感じているときに使うのが普通です。

味を持っていることになります。ですが、「もの」は、75ａからわかるように、〈物体〉を表す場合には修飾語句がなくてもよいのに対して、75ｂ、ｃからわかるように、〈人間〉を表す場合には必ず修飾語句が必要です。一方、「やつ」は、76ｂからわかるように、〈人間〉を表す場合には修飾語句がなくても可能であるのに対して、76ａ、ｃからわかるように、〈物体〉を表す場合には必ず修飾語句が必要です（なお、76ｃは、特殊な場面で、「やつ」が人間を表す場合ならば許容される文です）。つまり、「もの」は、〈物体〉を表す場合には用法上の制約がないのに対して、「やつ」は逆に、〈人間〉を表す場合に用法上の制約がないということです。

ここで、日本語母語話者の直観として、「もの」は〈物体〉の意味の方が基本的であり、「やつ」は逆に〈人間〉の意味の方が基本的であると感じられるでしょう。さらに、用法上制約がない（あるいは制約が相対的に少ない）、つまりは自由に使える意味の方が基本的であり、用法上制約がある意味の方が基本的でないと感じられるのは自然なことだと思われます。

以上の議論から、多義語の複数の意味のうち、用法上制約がない、あるいは制約が相対的に少ない意味をプロトタイプ的意味と認定し、用法上制約のある意味を非プロトタイプ的意味と認定するという方法は妥当なものであると考えられます。

以下では、メタファーのところでも触れた空間と時間の両方の領域の意味を持つ、日本語の名詞、動詞、形容詞を取り上げ、上記のプロトタイプ的意味の認定方法に基づくと、いずれも空間の意味の方がプロトタイプ的意味であると認定できることを示します。

まず、以下の「ところ」という語に関する例文を見てみましょう。

77 a　ところによってはにわか雨が降るでしょう。
　 b　こんなところで君に会うとは思わなかった。
　 c　このところいい天気が続いている。
　 d　×ところいい天気が続いている。

まず、「ところ」★は77a、bから空間領域の意味を持ち、cから時間領域の意味も持つことがわかります。その一方で、空間の意味の場合は、a、bの例からわかるとおり、修飾要素があってもなくても可能であるのに対して、時間の意味の場合は、cのようには言えますが、dのようには言えないことから、必ず修飾要素が必要であることがわかります。つまり、「ところ」という語は、修飾要素の有無という観点から、空間の意味の場合は制約がないのに対して、時間★の意味の場合は制約があるということです。以上から、「ところ」は空間の意味の方がプロトタイプ的意味であると判断できることになります。

次に「だす」という動詞について見てみます。

★「花子が歩いているところを見た」などにおける「ところ」は、「場面、状況」に近い意味です。「場面、状況」は空間と時間の両面から規定されることから、この種の「ところ」の意味も空間と時間の両方の領域に関わるものだと考えられます。

★メタファーのところであげた「あたり」「そば」という語についても「ところ」と同様のことが言えます。

78 a　植木鉢をベランダにだす。
b　植木鉢から土を取りだす。
c　突然雨が降りだした。
d×突然雨がだした。

「だす」は、78 a、bのような、概略で〈内部から外部への移動〉という空間移動の意味と、cのような、概略で〈(出来事の)開始〉という時間に関係する意味を持っています。ここで注目すべきことは、空間移動の意味の場合は、aのように本動詞の場合とbのように補助動詞(複合動詞の後項)の場合の両方があるのに対して、〈開始〉の意味の場合は、cは言えますが、dは言えないことからわかるように、補助動詞に限られるということです。以上から、「だす」に関しても、本動詞と補助動詞という観点から、空間移動の意味の場合は制約がないのに対して、〈開始〉という時間に関わる意味の場合は補助動詞に限られるという制約があることから、空間移動の意味の方がプロトタイプ的意味であると認定できることになります。

最後に「遠い」という形容詞を検討します。

79 a　A大学は駅から遠い。
b　平和が訪れる日はまだまだ遠い。
c　B君はいつも他の子が遊んでいるのを遠くから見ている。

d　遠くで悲鳴のようなものが聞こえた。

e×遠くにこの計画が実施される予定である。

「遠い」は、79a、bの例からわかるように、「空間的な隔たり」に関する意味と「時間的な隔たり」に関する意味を持っています。さて、「遠い」という語は、空間の意味の場合、c、dの例からもわかるように、「遠く」という形で格助詞が後続することが可能です（cでは「から」、dでは「で」という格助詞がそれぞれ「遠く」に後続しています）。★格助詞が後続するということは、「遠く」は名詞化していると考えられます。一方、時間の意味の場合は、eのように言えないことから、名詞化した用法はないことがわかります。以上、「遠い」の場合、名詞化した用法が可能かどうかという観点から見て、空間の意味の場合は可能である（制約がない）のに対して、時間の意味の場合は不可能であることから、空間の意味がプロトタイプ的意味であると判断できます。

以上取り上げた例は限られたものですが、現代日本語において空間と時間の両方に関係する意味を持つ語の場合、これまで見てきたように空間をプロトタイプ的意味として持つものは数多くあるのに対して、時間をプロトタイプ的意味とする語はないようです。つまりは、（少なくとも共時的に見て）意味拡張が空間から時間へ一方向的であるということです。このことの認知的基盤を簡単に述べておきます。空間というのは我々人間が直接身を置くことのできるところであり、視覚や触覚によって直接把握できる具体的

★もう少し正確に言うと、名詞には必ず格助詞が後続することができるとは言えますが、格助詞が後続しうるものは名詞に限りません。たとえば、「大学はA駅からが便利だ」「思いどおりにやるがいい」などのように、限られた用法ですが、格助詞や動詞に格助詞が後続する場合があります。

な存在です。一方、時間は我々が五感などによって直接把握できる対象とは考えられず、空間と比べて抽象的な存在です。このような空間と時間の本質的な違いを考えると、時間という把握しにくい対象を、空間というより把握しやすい対象を通して理解するという我々の認知方略の言語への反映として、空間から時間への一方向的な意味の転用があると考えられます。

複数の意味の相互関係の明示――スキーマの導入

次に、多義語分析のもう一つの課題である複数の意味の相互関係の明示ということについて、メタファーとシネクドキーという二つの比喩に加えて、「スキーマ」[★]という概念を導入することにより、複数の意味の関係をさらに明確に表せるということを見ます（なお、スキーマにはメトニミーは関わりません）。

さて、[A]と[B]が、ある多義語の二つの意味であり、[B]の意味は[A]の意味からメタファーに基づき拡張したという場合を、[[A]⇢[B]]と表記することにします。つまり、破線の矢印は、二つの意味がメタファーの関係にあることを示しています。また、メタファーとは類似性に基づく意味の転用のしくみのことですから、[A]と[B]の二つの意味の間には何らかの共通点があるということです。このような多義語の複数の意味に共通する意味をスキーマ（的意味）（以下ではこれを、[S]として言及する場合があります）と言います。見方を変えると、[S]と[A]の関係は、[A]は[S]をさらに限定、特殊化した意味、言

★スキーマという概念は、ラネカーの研究に基づくものです。文献は第一章のp.2の注を参照してください。

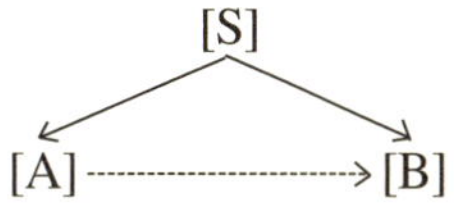

い換えれば、[A]は[S]にない意味特徴を持っていることになります（[B]と[S]の関係も同様です）。これはつまり[S]と[A]がシネクドキーの関係にあるということです。このことを、[[S]→[A]]★と表記することにします。つまり、実線の矢印は二つの意味がシネクドキーの関係にあることを示しています。

以上を踏まえて、[A]、[B]、[S]という多義語の三つの意味の関係を図示すると、上のようになります。

なお、多義語のすべての意味に共通するスキーマを「スーパースキーマ」、一部の意味に共通するスキーマを「ローカルスキーマ」と言います。

多義語分析の実際

多義語に関する以上の議論を踏まえて、以下に、多義語の具体的な分析例を示します。まず、「花」という語です。この語に関してはすでに取り上げましたが、改めて確認すると、少なくとも以下の（1）～（3）の確立した意味があると考えられます。

（1）〈植物が咲かせる美しく人目を引くもの〉（例）庭に花が咲いている。
（2）〈美しく人目を引く人〉（例）Aさんは職場の花だ。
（3）〈サクラ〉（例）花見に行く。

★矢印の左側の意味がより一般的な意味、右側の意味がより特殊な個別的な意味です。

この三つの意味の関係を改めて確認すると、まず、(1)が「花」のプロトタイプ的意味であると考えて問題ないでしょう。(2)の意味は、(1)からメタファーによって成立したものです。ここで、(1)と(2)に共通する意味として、〈美しく人目を引くもの〉というスキーマを抽出することができます。また、(3)の意味は、(1)の意味からシネクドキーに基づき成立したもので、(1)の意味が特殊化したものです。以上の分析をまとめて図示すると次の図のようになります。

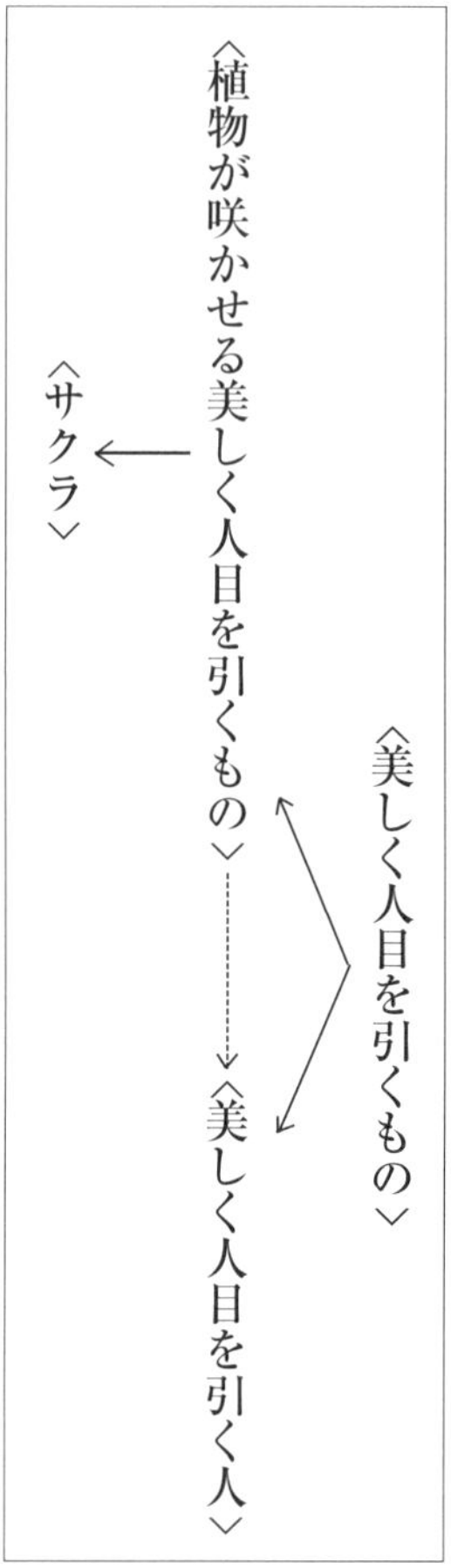

さて、「花」という語は、以上のように複数の意味の関係がメタファーとシネクドキーに基づくものでしたが、次に、メトニミーに基づく意味の拡張も含む「かたい」という形容詞を分析します。なお、ここでは「かたい」という語が持つと考えられる意味★のうち三つの意味だけを取り上げます。まず、以下に、ここで取り上げる「かたい」の三つの意味を、例文とともにあげます。

★「かたい」には、「今年も巨人の優勝はかたい」「かたい話は苦手です」といった例からわかるように、他の意味もあります。

(1)　意味$_1$（プロトタイプ的意味）

〈単一の固体に関して、外部から加えられる力に対して抵抗感を感じさせるさま〉

（例）ダイヤモンドはかたい。この肉はかたい。

(2)　意味$_2$

〈複数の密着したものに関して、引き離そうとする力に対して抵抗感を感じさせるさま〉

（例）びんの栓がかたい。口をかたく閉じる。

(3)　意味$_3$

〈人間が精神的に緊張した状態にあるさま〉

（例）面接試験でかたくなってしまった。

以下、上記の意味$_1$、意味$_2$、意味$_3$の意味記述について補足説明をします。まず、意味$_1$の〈固体（に関して）〉という意味特徴は、「かたい」と言えるのは「固体」に関してであって、「液体」や「気体」については通常言えないということを踏まえたものです。また、〈単一（の）〉という意味特徴は、およそ「ひとつのまとまり（を成す）」ということですが、これは、意味$_2$が〈複数の（密着した）もの（に関して）〉であることとの違いを明示するものです。また、〈外部から加えられる力に対して〉という意味特徴は、ある固体について「かたい」と言う場合、押すとか触るといった外部から力を加えることが必要であるということに基づいたものです。さらに、力を加えた結果、相対的に強い〈抵抗感を感じさせる〉ときに「かたい」と言うことになります。

意味$_{2}$は、まず、「びんの栓」であれば「びん（の本体）」と「栓」、「口」であれば「上唇」と「下唇」というように、〈複数の密着したもの〉を問題にしている意味です。また、「かたい」で描写される対象が〈複数の密着したもの〉であることから、加えられる力も〈引き離そうとする力〉という特定の力です。このような力を加えた結果、〈抵抗感を感じさせる〉ということは意味$_{1}$の場合と同★じです。

意味$_{3}$の「面接試験でかたくなってしまった」などにおける「かたい」の意味が〈人間が精神的に緊張した状態にあるさま〉であることは、本章ですでに見たとおりです。

次に、意味$_{1}$、意味$_{2}$、意味$_{3}$の関係について簡単に説明します。まず、意味$_{2}$は意味$_{1}$からメタファーによって成り立っていると考えられます。このことは上記の意味$_{1}$と意味$_{2}$の意味記述において、〈（加えられる何らかの）力に対して抵抗感を感じさせるさま〉という共通点が存在する一方、食い違う点も存在すること、つまり、二つの意味が類似の関係にあることから確認できます。また、意味$_{1}$と意味$_{2}$が共有するスキーマとして、〈（加えられる何らかの）力に対して抵抗感を感じさせるさま〉という意味が抽出できることになります。

★「缶のふたがかたい」などは、意味$_{1}$と意味$_{2}$の両方の解釈が可能です。つまり、「ふた自体がかたい」という意味$_{1}$の場合と、「ふたがなかなか開かない」という意味$_{2}$の場合です。

さらに、意味$_{3}$は意味$_{1}$からメトニミーによって成り立っているということはすでに見たとおりです。簡単に確認すると、〈精神的に緊張した状態〉と〈肉体(筋肉や関節)的なカタサ〉(意味$_{1}$)が同時に生じることに基づき、本来、意味$_{1}$を表す語によって意味$_{3}$も表すことが可能になるわけです。

以上の「かたい」の分析をまとめて図示すると、次のようになります。

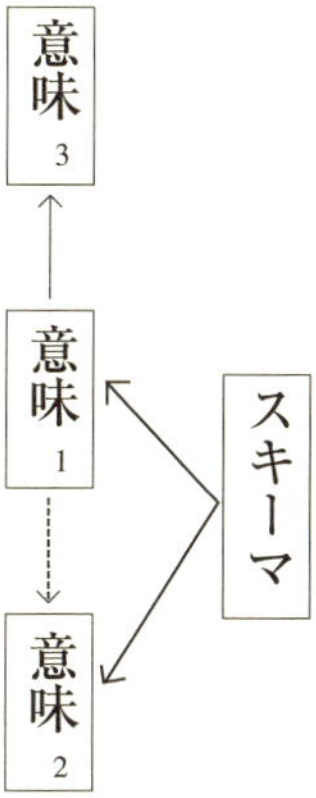

なお、細い実線の矢印(右の図では「意味$_{1}$」と「意味$_{3}$」を結ぶもの)は、二つの意味がメトニミーの関係にあることを表しています。この図に関して二、三確認しておくと、スキーマとは〈(加えられる何らかの)力に対して抵抗感を感じさせるさま〉という意味ですが、意味$_{3}$を取り込むものではないので、このスキーマは、すべての意味の共通点を示すスーパースキーマではありません。また、スキーマと意味$_{1}$、意味$_{2}$はそれぞれシネクドキーの関係にあり、意味$_{1}$と意味$_{2}$はメタファーの関係にあり、意味$_{1}$と意味$_{3}$はメトニミーの関係にあるということです。

章末問題

問1　次の**a**～**c**の例文中の傍線部の語あるいは形態素の意味は、基本的な意味から何らかの比喩に基づき成り立っているものです。それぞれどのような比喩によるかを考えなさい。

a　私はこの分野についてはまったくの門外漢です。

b　我々の計画は出だしでつまずいてしまった。

c　やかんが沸いてるよ。

問2　本章では「正月休みに食べすぎて、ブタになってしまった」という例を取り上げましたが、日本語の他の動物名について、比喩に基づきどのような意味に拡張しているかを考えてみなさい。

問3　日本語のなかから、比喩を用いた婉曲表現を探しなさい。

問4　次の**a**～**c**の例文に基づき、「きく」という動詞の三つの意味を記述したうえで、三つの意味がどのような関係にあるか（どのような比喩に基づくか）を考えなさい。

a　A君はわからないところを先生にきいた。

b　生徒たちは熱心に先生の話をきいている。

c　この問題について専門家に話をきいた。

第四章
句の意味

本章では、前章の語よりも大きい単位である「句」のレベルを取り上げます。特に、句のなかでもある意味で特殊な句である「慣用句」を中心に見ていきます。慣用句は、「道草を食う」に対して「太郎が食った道草」や「道草を食べる」が不自然あるいは不適切であるというように、普通の句にはない制約があります。また、「足を洗う」や「下駄を預ける」のように、普通の句としても慣用句としても使えるものも数多くあります。この章では、慣用句としての意味が、普通の句としての意味からどのようなしくみで派生したかということについても見ていきます。慣用句としての意味の成立にも、前章で取り上げたメタファー、シネクドキー、メトニミーという比喩が重要な役割を果たしています。

Q10 句にはどんな種類があるのですか?

句とは

句とは、語よりも大きく文よりも小さい言語単位で、二つ以上の語が結びついて、何らかのまとまりを成すものです。たとえば、「美しい花」「とても美しい」「ごはんを食べる」などはいずれも句です。

句は文法的な観点から下位分類することができます。まず、「美しい花」「大きいリンゴ」「花子の友だち」などのように、名詞を形容詞や「名詞(句)+の」などが修飾しているものは名詞句です。また、「とても美しい」「かなり難しい」などのように、副詞が形容詞を修飾しているものは形容詞句です。さらに、「ごはんを食べる」「ゆっくり歩く」などのように、「名詞(句)+(格)助詞+動詞」という語連続、あるいは副詞が動詞を修飾しているものは動詞句です。他にも、「とてもゆっくり」などは副詞句ですし、「花子が」「駅から」などは後置詞句と言う場合があります。

さて、以上簡単に見た句のレベルの分類と名詞、動詞といった語のレベルの分類(品詞)の関係を確認しておくと、名詞を中心とする句は名詞句、動詞を中心とする句は動詞句というように、平行的な関係にあることがわかります。

句の分類――普通の句、連語、慣用句

次に、句全体の意味と句の構成要素である語の意味の関係、さらに、句の構成要素同士の結びつきの固定性の程度という面から句★について見ていきます。まず、「美しい花」「ごはんを食べる」「とてもゆっくり」などの句は、それぞれの句を構成している各語の意味を足し合わせることによって、句全体の意味を導けるものです。たとえば、「美しい花」であれば、「美しい」の意味と「花」の意味から、「美しい花」全体の意味がわかるということです。このような句を仮に「普通の句」と呼ぶことにします。

「風邪をひく」「約束を破る」などの句の場合はどうでしょうか。句全体の意味が句を構成している各語の意味から導けるという点では、先に見た普通の句と同じであると

★この節の内容は、国広哲弥(1985)「慣用句論」『日本語学』4-1(明治書院)を参考にしたものです。

考えてよさそうです。一方、「風邪をひく」とは言えても、「風邪にかかる」★は不自然ですし、「風邪をとる」「風邪をもつ」などとは言えません。同様に、「約束を破る」は適切な表現ですが、「約束をこわす」「約束を崩す」などとは言えません。つまり、意味の面から見て結びついて句となることが可能だと思われる語同士でも、結びつくことができる(句となることができる)場合とできない場合があるということです。以上見てきた「風邪をひく」などのように、句を構成している各語の意味から句全体の意味を導くことはできるが、語同士の結びつきが(ある程度)固定しているものを「連語」と言います。

先に見た普通の句と連語の違いを改めて確認すると、普通の句の場合、「美しい花」だけでなく「きれいな花」「可憐な花」などとも言うことができ、特に語の結びつきが固定しているということはありません。「ごはんを食べる」「ごはんを食う」なども同様です。

日本語★には、数多くの連語が存在していると思われます。以下に動詞句の連語の例をいくつかあげます。なお、語同士の結びつきが固定していることを明示するために、括弧の中に言えない例も示します。

1　予定を立てる(×予定を作る)／評判を落とす(×評判を失う)／怒りを買う(×怒りを受ける)／啖呵を切る(×啖呵を言う)／門前払いを食う(×門前払いを食べる)／傘をさす(×傘をかざす)

★「インフルエンザにかかる」などは言えます。

★語学学習という観点から見ると、学習対象の言語において適切に表現するには、この種の連語を数多く習得することが不可欠になります。たとえば、日本語を外国語として学習している人が、「風邪にかかる」などと言った場合、これを聞いた日本語母語話者は、意味はわかるし、完全な間違いとは言えないが、自然な日本語ではないという印象を持つことでしょう。

なお、連語のなかには、語の組み合わせに関して、一つだけではなく、複数が可能なものもあります。「愚痴をこぼす／言う」「電話をかける／する／入れる」「損害をこうむる／受ける」「罪を着せる／かぶせる」などがその例です。

次に、「油を売る」「足を洗う」「煮え湯を飲ませる」などの「慣用句」について見ていきます。まず、この種の句は、連語と同様に（あるいは連語以上に）、語同士の結びつきが固定★しています。たとえば、〈仕事の途中で無駄話などをして怠ける〉という意味を表すのに、「油を売る」とは言えても、「オイルを売る」「油を販売する」などと表現することはできません。同様に、〈好ましくない仕事などをやめる〉という意味を表すのに、「足を洗う」とは言えても、「すねを洗う」「腿を洗う」などとは言えません。

さらに、慣用句には、句の構成要素である各語の意味から、句全体の意味★が導けないという特徴があります。たとえば、「油を売る」の場合、「油」「を」「売る」という各語の意味がわかっていても、〈仕事の途中で無駄話などをして怠ける〉という意味を導くことはできません。以上を踏まえて、慣用句を定義すると、語同士の結びつきが固定していることに加えて、構成要素である各語の意味（各語が慣用句の一部ではなく、普通に使われるときの意味）から、句全体の意味が導けない句ということになります。

ここで、慣用句と考えるべきか連語（あるいは普通の句）と見なすべきかについて注意を要するものについて確認しておきます。まず、〈仕事などをする人が十分でない〉という意味の「手が足りない」という句ですが、これは「手」という語が、部分―全体関

★慣用句における語結合の固定性については、次節で改めて検討します。

★句の構成要素である各語の意味から、句全体の意味が導けないというのは、各語が多義語の場合、いろいろな意味の組み合わせを考えても句全体の意味が得られないということです。

係に基づくメトニミーによって〈(仕事などをする)人〉という意味に転用されていると考えられるので、連語(あるいは普通の句)です。つまり、「手」の〈(仕事などをする)人〉という意味と、他の要素(「が」「足りない」)の意味から、句全体の意味を導くことができます。「風雪に耐える」なども同様に、「風雪」という語のレベルにおいて、メタファーに基づき〈厳しい試練〉という意味が成り立っていると考えられます。つまり、句のなかの語のレベルだけで意味の転用が生じている場合は慣用句ではないということです。以上、普通の句、連語、慣用句について見てきましたが、ここで、第二章で取り上げた「合成語における意味の合成性」という観点を、句のレベルに適用して考えてみましょう。まず、普通の句と連語の場合は、句の構成要素である各語の意味から句全体の意味が導けることから、「合成的である(合成性が高い)」と考えられます。他方、慣用句の場合、各語の意味から句全体の意味が得られないので、「合成的でない(合成性が低い)」ことになります。

慣用句における語結合の固定性

先に簡単に見た、慣用句における語同士の結びつきの固定性★ということについて改めてやや詳しく検討します。特に、①慣用句中には他の要素が入りにくいということ、②「名詞(句)+助詞+動詞」から動詞が名詞を修飾する構造にしにくいということ、③構成語を関連語(類義語、反義語、対応する敬語形)で言い換えにくいということ、④否定形

★本節の内容は、宮地裕編(1982)『慣用句の意味と用法』(明治書院)を参考にしています。

でのみ用いられる慣用句があること、という、以上四つの観点から具体的に見ていきます。

①　慣用句中に他の要素が入りにくい

まず、次の例文2、3からわかるように、慣用句中には他の要素が入りにくいということがあります。

2a　Aさんが我々のために一所懸命骨を折ってくれた。
b×Aさんが我々のために骨を一所懸命折ってくれた。

3a　Bさんの研究は見事に実を結んだ。
b×Bさんの研究は実を見事に結んだ。

つまり、「骨を折る」「実を結ぶ」という慣用句において、「一所懸命骨を折る」「見事に実を結ぶ」というように慣用句全体に先行して副詞的要素がある場合は問題ありませんが、「骨を一所懸命折る」「実を見事に結ぶ」というように、副詞的要素が慣用句のなかに入り込むと不適切★あるいは不自然な表現になります。「鶴を折る」「紐を結ぶ」というような普通の句であれば、もちろん「鶴を一所懸命折る」「紐を一所懸命結ぶ」という言い方ができます。以上のように、慣用句は構成要素が連続して用いられるのが普通です。

★慣用句のこの種の制約は、修飾要素が慣用句中の特定の要素のみを修飾し、その特定の要素に対して語として持っている意味（慣用句中ではなく普通に使われるときの意味）に解釈することを強いるためだと考えられます。たとえば「骨を一所懸命折る」であれば、「一所懸命」という副詞的要素は、「折る」のみを修飾し、「折る」が語として持っている意味に解釈されるからだということです。

②「名詞(句)＋助詞＋動詞」から動詞が名詞を修飾する構造にしにくい

普通の句(を含む文)であれば、「(花子が)雑誌を買った」に対して「(花子が)買った雑誌」というように、「名詞(句)＋助詞＋動詞」という形の動詞句から、動詞が名詞を修飾する名詞句にすることができます。一方、慣用句の場合は、次の例文4、5からもわかるように、このようには変えにくいということがあります。

4a　Aさんの態度にみんなが腹を立てた。

b×Aさんの態度にみんなが立てた腹

5a　(この問題の処置は)Aさんに下駄を預けた。

b×Aさんに預けた下駄

つまり、「腹を立てた」を「立てた腹」に、また、「下駄を預けた」を「預けた下駄」にすることはできないということです。このことからも、慣用句は構成要素が決まった順序で並んでいなければならないという固定性があることがわかります。なお、4b、5bのような名詞修飾の構造にできないということは、名詞修飾の構造にした場合、「腹」あるいは「下駄」を中心的要素とする名詞句となり、「ある種の(ある行為を施された)腹／下駄」を表すことになり、「腹」あるいは「下駄」を普通の意味(「腹」であれば身体部分としての意味、「下駄」であれば履物としての意味)として解釈せざるをえなくなるからだと考えられます。

③ 構成語を関連語で言い換えにくい

慣用句中の構成語は、前にも少し見ましたが、類義語、反義語、対応する敬語形などに言い換えがしにくいという制約もあります。まず、以下の6の例のように、慣用句としての意味を保持したままで、慣用句の構成語を類義語で言い換えることはできません。

6a 道草を食う→×道草を食べる
b 腹を立てる→×おなかを立てる
c 足を引っ張る→×足を引く

また、次の7の例のように、慣用句の構成語を反義語で言い換えることも普通できません。

7a 鼻が高い→×鼻が低い
b 油を売る→×油を買う
c 実を結ぶ→×実をほどく
d 危ない橋を渡る→×安全な橋を渡る

普通の句であればもちろん、「本を売る」と「本を買う」のように反義語で言い換えることができます。また、7aやbの句も、慣用句ではなく普通の句として解釈すれ

★ただし、「兜を脱ぐ」と「シャッポを脱ぐ」などのように、類義語である「兜」と「シャッポ」のいずれを用いても同じ意味を表せる場合がまれにあります。

ば、「鼻が低い」「油を買う」と言うことができます。

さらに、次の8の例のように、普通、慣用句の構成語を特定形の敬語にすることはできません。なお、「言う」に対する「おっしゃる」などのように個別の語に対応する敬語を特定形、「お〜になる」（「お帰りになる」など）や「〜(ら)れる」（「帰られる」など）といった多くの語を敬語にすることができる形を一般形と言う場合があります。

8 a 道草を食う→×道草をめしあがる／×道草をいただく

b 頭に来る→×頭にいらっしゃる／×頭にまいる

c 言うことを聞く→×申すことを聞く／×おっしゃることを聞く

また、（病状について）「峠を越す」に対して「峠を越される」（「Aさんは峠を越されたようだ」など）は問題なく言えますが、「峠をお越しになる」は言いにくいことからもわかるように、慣用句中の動詞に「(ら)れる」をつけて敬語化（尊敬語化）できるものは多いですが、「お〜になる」★の形にはしにくいと思われます。

④ 否定形でのみ用いられる慣用句

慣用句の中には、「〜ない」などを含む否定形でのみ用いられるものがあります。以下にその例をあげます。

★なお、「おぼけになる」「お盗みになる」などとは普通言えないことからわかるように、語によっては（よくない意味を表す語など）そもそも「お〜になる」という形にしにくいものがあります。詳しくは、菊地康人（1994）『敬語』（角川書店）を参照してください。

9　うだつが上がらない／開いた口が塞がらない／二の句がつげない／歯に衣を着せない／とりつく島もない／隅に置けない／身の置き所がない／あがきがとれない／身も蓋もない／元も子もない／矢も楯もたまらない

つまり、「うだつが上がらない」「開いた口が塞がらない」などに対して、「うだつが上がる」「開いた口が塞がる」といった肯定形の言い方はないということです。普通の句であれば、「本を読む／本を読まない」「ごはんを食べる／ごはんを食べない」というように肯定形と否定形の交替は自由にできるわけですから、否定形のみで使われる慣用句というのは、普通の句と比べて強い制約があることになります。

以上、慣用句の構成語の結びつきの固定性ということについて、具体例をあげて検討しました。

Q11 「足を洗う」が〈よくないことをやめる〉という意味になったのはなぜですか？

日本語の慣用句のなかには、「足を洗う」などのように、慣用句としての意味に加えて、構成語の意味★の総和としての意味（「足を洗う」について言えば、「足」「を」「洗う」という三つの構成語の意味を足し合わせた意味のことです。なおこの種の意味を、以下では「字義

★ご存じの方も多いと思いますが、園遊会の席で、昭和天皇に「柔道は骨が折れますか」と聞かれ、「以前折りましたが、もう大丈夫です」と答えた著名な柔道家がいます。「骨が折れる」という句について、陛下は慣用句として、柔道家は普通の句として解釈したわけです。

どおりの意味」と言う場合があります)を持つものも数多くあります。本節では、特にこの種の句に注目し、構成語の意味の総和としての意味からどのような比喩に基づき慣用的意味が成り立っているかを検討していきます。以下順に、メタファー、シネクドキー、メトニミーに基づき慣用的意味が成立している場合を取り上げ、最後に、二つの種類の比喩が複合して慣用的意味が成り立っている場合もあることを示します。

ここで、第三章で取り上げた三種の比喩について簡単に復習しておきます。メタファーは類似性に基づく意味の拡張、シネクドキーはより一般的な意味とより特殊な意味の間の意味の移行、メトニミーは物事の隣接性(空間および時間における)、さらに広く物事の関連性に基づく意味の転用です。

メタファーに基づく慣用的意味の成立

本節では、メタファーに基づき句の慣用的意味が成立していると考えられる場合を、具体例をあげて見ていきます。

まず、「足を洗う」には、〈足の汚れを水で落とす〉という構成語の意味の総和としての意味と、〈好ましくない仕事・行為などをやめる〉という慣用的意味(「そんな仕事から早く足を洗った方がいい」など)があります。そしてこの二つの意味には〈好ましくない物事を自分の身から遠ざける〉という共通点を見出すことができます。つまり、「足を洗う」の慣用的意味は、字義どおりの意味からメタファーに基づき成り立っていることになります。

また、「実を結ぶ」には、〈植物が成長して果実を実らせる〉という字義どおりの意味と、〈人間が相当期間努力して、しかるべき成果を出す〉という慣用的意味(「彼の努力がついに実を結んだ」など)があります。この場合も、二つの意味の間には〈あるプロセスを経て、よい結果を生み出す〉という共通点があり、メタファーによって慣用的意味が成り立っていることになります。

次に「虫の息」★という名詞句を取り上げます。この句には、〈虫の(人間の通常の呼吸よりもはるかに弱い)呼吸〉という構成語の意味の総和としての意味と、〈今にも死にそうな人の弱い呼吸〉という人間について用いられる慣用的意味(「あの人はもう虫の息だ」など)があります。この二つの意味も〈弱い呼吸〉という共通点があり、慣用的意味は字義どおりの意味からメタファーに基づき成り立っていることになります。

他にメタファーに基づき慣用的意味が生み出された句として、「的を射る」「骨を折る」「骨が折れる」「宙に浮く」「足を引っ張る」「風前の灯火」などがあります。

シネクドキーに基づく慣用的意味の成立

シネクドキーに基づき、句の慣用的意味が成立している場合について、具体的に見ていきます。

まず、「煮え湯を飲ませる」には、字義どおりの行為の意味と、およそ〈ひどい目に

★我々の多くは虫の呼吸というものを実際に聞いたことがないでしょうが、虫の体の大きさは人間と比べてはるかに小さいので、息の強さも人間よりずっと弱いであろうと想像力を働かせていることが、この種の意味転用の前提としてあることになります。

あわせる〉という慣用的意味(「あいつには何度も煮え湯を飲ませられた」など)があります。この場合、〈煮え湯を飲ませる〉ことは〈ひどい目にあわせる〉ことの一種ですから、二つの意味の関係は、前者がより特殊であり、後者がより一般的ということです。したがって、「煮え湯を飲ませる」の慣用的意味は、字義どおりにはより特殊な意味を表す形式によって、より一般的な意味を表すということ(すなわち、シネクドキー)によって成り立っていることになります。

また、「氷山の一角」には、〈(海面上に現れている)氷山全体のごく一部〉という構成語の意味の総和としての意味と、〈(表面に現れた)大きな(好ましくない)物事全体のごく一部〉という慣用的意味(「今回明るみに出たことは氷山の一角にすぎない」など)があります。この場合も、前者の意味は後者の意味の一種と考えられますから、シネクドキーに基づき、慣用的意味が成り立っていることになります。

他にシネクドキー★に基づき慣用的意味が成り立っていると考えられる句として、「石橋を叩いて渡る」「足元に火がつく」「足元から鳥が立つ」「渡りに船」「寝耳に水」などがあります。

メトニミーに基づく慣用的意味の成立

次に、メトニミーに基づき、句の慣用的意味が成立している場合を、下位分類して検討していきます。順に、①二つの事柄が時間的に隣接している場合、②二つの事柄が

★以上見てきた句のレベルにおけるシネクドキーによる意味の拡張の場合、より特殊な意味からより一般的な意味への拡張だけであって、その逆はないようです。

「手段―目的」あるいは「原因―結果」の関係にある場合、③二つの事柄が「部分―全体」の関係にある場合、を見ていきます。

① 二つの事柄が時間的に隣接している場合

第三章で、語のレベルにおいてメトニミーに基づく意味の転用を取り上げた際には、二つのものの空間的な隣接が中心でしたが、句(特に動詞句)のレベルでは、時間的な隣接に基づき慣用的意味が成り立っているものが数多くあります。さて、二つの事柄が時間的に隣接しているということも、さらに下位分類でき、二つの事柄が同時に生じる場合と二つの事柄が連続して(時間の軸に沿って)生じる場合があります。

まず、二つの事柄が同時に生じる場合です。「頭を抱える」は、字義どおりの動作としての意味と、およそ〈困りはてる〉という慣用的意味(「この問題を前にして、頭を抱えてしまった」など)の二つを持っています。この場合、〈困りはてる〉という精神状態になったときに、〈頭を抱える〉という動作を行う場合がある、つまり、このような精神状態と動作が、一人の人間において同時に生じる場合があることに基づき、字義どおりには前者の動作を表す「頭を抱える」という表現を用いて、後者の精神状態をも表していると考えられます。

また、「開いた口が塞がらない」は、字義どおりの〈口を開けたままである〉という身体的状態の意味と、およそ〈あきれかえる〉という慣用的意味(「彼女の言い草には開いた口が塞がらなかった」など)があります。この場合も、「頭を抱える」と同様に、〈開いた口が塞がらない〉という身体的状態と〈あきれかえる〉という精神状態が同時に生じることがあることに基づき、後者の意味が成り立っていることになります。

さらに、「この四月から教壇に立っている」などにおける「教壇に立つ」★の持つ、およそ〈教師として教える〉という慣用的意味も同様のしくみで成り立っています。というのは、「教壇に立つ」の表す字義どおりの動作と〈教師として教える〉ということが同時に生じる場合が多いからです

以上、二つの事柄が同時に生じることに基づき、本来一方の事柄を表す形式で他方の事柄を表すというメトニミーの一種に基づく慣用的意味の成立について見てきました。

★この種の慣用句としてはさらに、「頭が上がらない」「あごを出す」「首を傾げる」「首を捻る」「胸を張る」「耳を傾ける」「胸を撫で下ろす」「手に汗を握る」「青くなる」「真っ青になる」「口角泡を飛ばす」「腰を抜かす」「兜を脱ぐ」「シャッポを脱ぐ」「腰が低い」などがあります。

ここで、この種の慣用句に関して注目すべきことが一つあります。すでに第三章の「メトニミーの認知的基盤」のところで触れましたが、メトニミーの基盤となる認知能力として参照点能力があり、さらに、相対的に参照点になりやすいものの一つとして「(抽象物よりも)具体物」ということを指摘しました。このことが、ここで見た慣用句にも当てはまるということです。つまり、「ある動作」(具体物の一種と考えられるもの)と

★「教鞭を執る」も同様のしくみで〈教師として教える〉という慣用的意味を持つものです。ただし、現在の教育の場で、「ムチ」を手に授業を行う教師は少ないでしょうが。

★相撲の「土俵を去る」、野球の「ユニフォームを脱ぐ」などが〈引退する〉という意味を表すのも、同じしくみだと考えられます。

「ある精神状態」（抽象物の一種と考えられるもの）が同時に生じることに基づき、ある句が二つの意味をともに表せるという場合、その句の字義どおりの意味はあくまで「ある動作」の方であって、その逆ではないということです。たとえば、「頭を抱える」という句の字義どおりの意味は動作であり、この動作の意味を参照点として、精神状態の意味にアクセスしているということです。以上のことは、本来、精神状態などの抽象的なことを表す形式（「困る」「あきれる」など）で、動作などの具体的なこと（〈頭を抱える〉、〈開いた口が塞がらない〉など）を表すことはできないということからも確認できます。

次に、二つの事柄が連続して生じることに基づき、慣用的意味が成立する場合について見ます。「言うことを聞く」という慣用句は、字義どおりの〈相手の言うことを聴覚で捉える〉という意味と、〈相手の発言・指示に従う〉という慣用的意味（「うちの子供は全然親の言うことを聞かない」など）があります。この場合、〈聴覚で捉える〉という行為と〈従う〉という行為が時間的に連続して生じることに基づき、字義どおりには前者の行為を表す「言うことを聞く」という形式で、後者の行為も表していると考えられます。

「彼は出された料理にほとんど箸をつけなかった」における「箸をつける」も、「言うことを聞く」と同じしくみで、〈（料理などを）食べる〉という慣用的意味を持つようになっています。つまり、「箸をつける」という句が表す字義どおりの〈（料理に）箸をつける〉という行為と、〈（料理などを）食べる〉という行為が連続して生じることに基づき、後者の意味が慣用的意味として成立しているわけです。
以下の10の傍線を施した句も同じしくみで慣用的意味を持つものです。

10 a しばらくの沈黙のあと、最初に口を開いたのは花子の方だった。
b 旅先であなたのことを思い出し、筆をとりました／ペンをとりました。
c この船で決まって舵をとるのはAさんだ。

つまり、「口を開く」は字義どおりの行為に後続する〈言葉を発する〉という行為を表せますし、「筆をとる／ペンをとる」は字義どおりの〈筆／ペンを手にとる〉という行為に続く〈書き始める〉という行為を表すことができます。さらに、「舵をとる」は字義どおりの〈舵を手にとる〉という行為に後続する〈舵を操作して船を進める〉という行為を表すことができます。

さらに、二つの事柄が連続して生じるという点ではこれまでのものと同じですが、句の構成語の意味の総和としての意味が、後続する事柄の方を表す場合について見ます。「骨を埋める」には、字義どおりの〈骨を地中に埋める〉という意味と〈今後死ぬまで(他の土地に移らず)ある地にいる〉という慣用的意味(「私はこの地に骨を埋めるつもりでやってきた」など)があります。この場合、〈(ある人が)死ぬまである地にいる〉という行為が先であり、〈(誰かが、死んだ人の)骨を地中に埋める〉という行為が後です。つまり、「言うことを聞く」などとは逆に、二つの事柄のうち、慣用的意味★の表す行為が先行し、

★第三章で見た「(お)手洗い」で〈用便〉を表すというのは、これと同じパターンです。

字義どおりの行為が後続するというパターンです。

以上、二つの事柄が時間的に隣接するというメトニミーの一種に基づき、句の慣用的意味が成立するしくみについて見ました。

② 二つの事柄が「手段―目的」あるいは「原因―結果」の関係にある場合

二つの事柄が「手段―目的」、「原因―結果」の関係にあることに基づき、句の慣用的意味が成り立っている場合について見ていきます。

「目をつぶる」には、字義どおりの動作の意味と「今度だけは目をつぶってやろう」などにおけるおよそ〈見なかったことにする〉という慣用的意味があります。この場合、字義★どおりの動作と〈見なかったことにする〉ということは、手段と目的の関係にあると考えられます。つまり、〈目をつぶる〉という動作を手段として、〈(対象を)見えないようにする／(対象を)見なかったことにする〉という目的を果たすということです。したがって、「目をつぶる」の慣用的意味は、字義どおりには手段を表す表現で目的も表すことによって成り立っていることになります。手段と目的は密接に関連することですから、これもメトニミー★の一種です。

次に、「目に見える」には、〈視覚で捉えられる〉という字義どおりの意味と「山田さんは目に見えて上達した」「こんな提案をすれば、みんなから反対されることは目に見えている」などにおける、およそ〈はっきりとわかる／確実である〉という慣用的意味

★「現実から目をそらす」などにおける「目をそらす」が持つおよそ〈見ないようにする〉という慣用的意味も「目をつぶる」と同様のしくみで成り立っています。

★なお、句が字義どおりには目的を表し、慣用的意味としては手段を表すという場合はないようです。

があります。この場合、前者の意味と後者の意味は原因と結果の関係にあると考えられます。つまり、〈視覚で捉えられる〉という原因から、結果として〈はっきりとわかる／確実である〉ということになるわけです。したがって、「目に見える」の慣用的意味は、字義どおりには原因を表す表現で結果も表すことによって成り立っていることになります。また、「あの人は口がかたいから、このことを教えても大丈夫だ」などにおける「口がかたい」の慣用的意味も同じしくみに基づいています。つまり、「口がかたい」の字義どおりの意味である〈口をかたく閉じている〉ということを原因として、〈(言葉を発することができないので)秘密などを守る〉という結果が生じると考えられ、〈秘密などを守る〉という慣用的意味が成り立っているわけです。★

さらに、「二の句が継げない」などは、「目に見える」などとは逆に、字義どおりには結果を表し、慣用的意味としては原因を表すと考えられます。つまり、〈あきれかえる／驚く〉ということが原因で、「二の句が継げない」の字義どおりの意味である〈次の言葉が何も言えなくなる〉という結果が生じるということに基づき、この句で、〈あきれかえる／驚く〉という意味も表せるということです。また、「えも言われぬ」の〈極めて素晴らしいと感じる〉という慣用的意味も、同じしくみに基づいています。つまり、〈極めて素晴らしいと感じる〉ということが原因で、「えも言われぬ」の字義どおりの意味である〈どうにも言葉では表現のしようがない〉という結果が生じるというように考えることができます。なお、原因と結果も(我々の思考内で)密接に関連しているこ

★「口が軽い」も同じしくみで慣用的意味を持っています。つまり、「口が軽い」の字義どおりの意味である〈口を軽く閉じている〉ということを原因として、〈(口を軽く閉じている程度であれば、言葉を容易に発することができるので)秘密などを言ってしまう可能性がある〉という結果になるということです。

とですから、メトニミーの一種です。

③ 二つの事柄が「部分―全体」の関係にある場合

句の慣用的意味がメトニミーに基づく場合の最後として、二つの事柄が「部分―全体」関係に基づく場合を見ます。なお、第三章では、「扇風機が回っている」などにおける「扇風機」、「車で来た」などにおける「車」のように、ものの部分―全体関係に基づくメトニミーを取り上げましたが、ここでは、事柄の部分―全体関係を検討します。

まず、「同じ釜の飯を食う」は、字義どおりの行為の意味とおよそ〈(同じ目的・志などを持って)一緒に生活する〉という慣用的意味があります。この場合、〈同じ釜の飯を食う〉という行為と〈一緒に生活する〉という行為は部分と全体の関係にあると考えられます。つまり、〈一緒に生活する〉ことを構成する要素として、〈同じ釜の飯を食う〉以外にも、〈同じ風呂に入る〉、〈同じトイレを使う〉などもあるわけで、〈同じ釜の飯を食う〉は〈一緒に生活する〉ことの一部分ということになります。したがって、「同じ釜の飯を食う」の慣用的意味は、字義どおりには部分を表す表現によって、その部分を含む全体をも表すことによって成り立っていることになります。「(～で)飯を食う」のおよそ〈生活していく〉という慣用的意味(「あいつはパチンコで飯を食っている」など)も同様で、★〈飯を食う〉ことは〈生活していく〉ことの一部分であるという関係に基づいて成り立っています。さらに、「目の黒いうち」の〈生きている間〉という慣用的意味

★「同じ釜の飯を食う」と「(～で)飯を食う」がいずれも〈生活する〉という意味を表すことからもわかるように、我々の生活において、あるいは生きていくうえで、諸々のことのなかで「食べること」がある意味で最も重要なことだという考え方があることになります。

も、〈目が黒い〉という状態は〈生きている〉状態の一部★分であることに基づいて成り立っていることになます。

以上、メトニミーに基づく句の慣用的意味の成立について具体例に基づき説明しました。

二つの種類の比喩の複合に基づく慣用的意味の成立

ここでは、構成語の意味の総和としての意味から二種類の比喩の複合によって慣用的意味が成り立っている慣用句について検討します。二種類の比喩の組み合わせとして、①メトニミー＋メタファー、②メトニミー＋シネクドキー、を順に見ていきます。

① メトニミー＋メタファー

まず、すでに見たとおり、「この船で決まって舵をとるのはAさんだ」などにおける「舵をとる」は、字義どおりの〈舵を手にとる〉という行為と〈舵を操作して船を進める〉という行為が連続して生じることにより、〈舵を操作して船を進める〉という慣用的意味が表せます。これはメトニミーに基づく意味の拡張です。「舵をとる」はさらに「この計画の舵をとるのは誰が適任だろうか」のようにも使うことができ、この場合の慣用的意味はおよそ〈ある★事柄をうまく進める〉ということです。ここで、〈舵を操作して船を進める〉という意味と〈ある事柄をうまく進める〉という意味は、〈ある対象

★なお、以上のように事柄の部分―全体関係に基づく場合、字義どおりには全体を表し、慣用的には部分を表すというものはないようです。

★名詞化した「舵とり」という語（「政界の舵とり」など）も〈ある事柄をうまく進めこと（あるいは人）〉を表すことができます。

を適切に進める〉という共通点があることから、〈ある事柄をうまく進める〉という慣用的意味は、メタファーに基づき成り立っていることになります。以上から、「舵をとる」の持つ〈ある事柄をうまく進める〉という慣用的意味は、字義どおりの意味から、★メトニミーとメタファーに基づき成り立っていることがわかります。

「尻が重い」の〈物事を実行に移すのに時間がかかる〉という慣用的意味も同様に二つの比喩に基づき成り立っていると考えられます。つまり、まずメトニミーによって、字義どおりの意味を原因として、〈立ち上がるのに時間がかかる〉という結果の意味が生じ、さらにこの意味と〈物事を実行に移すのに時間がかかる〉という意味との類似性に基づき、メタファーによって後者の意味が成り立っていることになります。なお、「尻が重い」は「舵をとる」と異なり、字義どおりの意味からメトニミーによって生じた段階の意味は、慣用的意味として持っていません。

② メトニミー＋シネクドキー

まず、「芝居は七時に幕をあけた」などにおける「幕をあける」の〈芝居などが始まる〉という慣用的意味は、芝居など実際に舞台に幕があるものの場合、〈幕をあける〉のと〈始まる〉のとが同時であることに基づき、メトニミーによって成り立っています。「幕をあける」はさらに「ペナントレースは先週幕をあけた」などのように、〈色々な催しなどが始まる〉という意味も表せます。さらに、〈芝居などが始まる〉ことは

★もし、「舵をとる」という句で、車の運転や飛行機の操縦を表せるのなら、（メトニミーを経て）シネクドキーに基づくより一般的な意味への拡張ということになりますが、この種の拡張はありません

〈色々な催しなどが始まる〉ことの一種であるという関係にあり、シネクドキーに基づき、〈色々な催しなどが始まる〉という意味が成り立っていることになります。したがって、「幕をあける」の慣用的意味は、メトニミーとシネクドキーに基づいているわけです。なお、「幕があく／幕を閉じる／幕が下りる」なども同じしくみで慣用的意味が成り立っていると考えられます。

また、「貴乃花に軍配が上がった」などにおける「軍配が上がる」は、相撲において〈軍配が上がる〉★のと〈勝ちが決まる〉のが同時であることに基づき、メトニミーによって〈相撲において勝ちが決まる〉という意味が成り立っています。「軍配が上がる」はさらに「巨人上原と中日野口の投げ合いは、またもや上原に軍配が上がった」のように、〈色々な競技において勝ちが決まる〉という意味も表せます。この場合、〈相撲において勝ちが決まる〉ことは〈色々な競技において勝ちが決まる〉ことの一種であり、シネクドキーに基づき後者の意味が成り立っていることになります。同様に、「貴乃花に土がついた」などにおける「土がつく」の持つ〈相撲において負ける〉という慣用的意味は、〈相撲において(倒されて)体に土がつく〉ことと〈相撲において負ける〉ことが同時である場合が多いことに基づき、メトニミーによって成り立っています。さらに「二十連勝中の巨人に土がついた」などにおける「土がつく」の持つ〈色々な競技において負ける〉という慣用的意味は、〈相撲において負ける〉ことが〈色々な競技において負ける〉ことの一種であり、シネクドキーに基づき後者の意味が成り立っています。

★相撲の場合、「物言い」という特別ルールによって、行司の判定が覆されるという場合もたまにありますが。

以上、二つの種類の比喩の複合に基づき、句の慣用的意味が成り立っている場合について見ました。

章末問題

問1 現代日本語の「連語」の例をできるだけたくさん探しなさい。

問2 慣用句における語結合の固定性を支持する言語事実として、本章で取り上げた以外のものについて考えなさい。

問3 次の**a**~**c**の傍線を施した句の慣用的意味は、句の構成語の意味の総和としての意味からどのような比喩に基づき成り立っているかを考えなさい。

a あの人の努力には頭が下がります。

b 我々の計画は暗礁に乗り上げてしまった。

c 彼はこれまでの人生で何度も危ない橋を渡ってきた。

問4 「さじを投げる」という句の慣用的意味の成り立ちについて考えなさい。

第五章

類義表現の意味

この章では、類義表現★をめぐって三つの観点から検討します。まず、類義語を取り上げ、具体例に基づき、基本的な分析方法を示します。次に同じ内容を表すと考えられる比喩に基づく表現と普通の表現を比較し、比喩を用いることによる表現効果について改めて考えてみます。さらに同じ事態を表す複数の文（類義文）の意味の違いを、我々が有する、同一の対象を異なる捉え方で捉えるという認知能力（この能力については第一章でも取り上げました）の観点から考えていきます。

Q12 「やっと」と「ようやく」はどのように意味が違うのですか？

いろいろな類義語

すでに第二章で類義語について少し取り上げました（「昨日」と「前日」の意味の違いをベースとプロファイルの観点から分析しました）が、ここで改めてやや詳しく検討します。類義語とは意味の類似した複数の語のことです。日本語には数多くの類義語がありま す。なかには一見、同義語、すなわち意味がまったく同じだと思われるものもありま す。たとえば、「あした」「あす★」「みょうにち」は同義語だと考えてもよさそうです。ただし、改まりの度合いという観点からは違いがあります。つまり、「あした」は日常普通に使われる語ですが、「あす」はやや改まった語であり、「みょうにち」はさらに改まった語です。つまり、この三つの語はまったく同じ価値を持った語ではなく、それぞ

★ここでは、語、句、文のすべてのレベルで、意味の類似したものを類義表現と呼ぶことにします。

★ただし、「日本のあすを考える」というように、「将来／未来」に近い意味のときは「あす」は問題なく使えますが、「日本のあした」はやや不自然ですし、「日本のみょうにち」とは言えません。

れの語が他の語にはない特徴を持っています。

また、日本語には、「はやり」「流行」「トレンド」、「男前」「美男子」「ハンサム」などのように、同様の意味を表す異なる語種の言葉がそろっている場合もあります（言うまでもないでしょうが、「はやり」と「おとこまえ」は和語、「流行」と「美男子」は漢語、「トレンド」と「ハンサム」は外来語です）。これらも同義語と考えてよさそうですが、やはり違いはあります。その違いは、おおざっぱに言って、和語は日常的な言葉、漢語は（和語よりも）かたい言葉、外来語はし★ゃれた言葉というそれぞれの語種が持つ一般的な特徴に還元できるものです。

さて、以上のような意味は同じだと考えてもよいが、改まりの度合いが異なるとか、語種の違いに伴い、語の印象が異なるといったものに加えて、意味そのものが微妙に異なる類義語が日本語にはたくさんあります。少しだけ例をあげると、「言う／話す／しゃべる／述べる／語る」「準備／用意／支度」「しみじみ／つくづく」「なにげない／さりげない」などです。このような類義語を分析する意義は、意★味の近い語同士を比べることによって、個々の語だけを見ていたのではわからないようなそれぞれの語の特徴を抽出できるということです。

類義語の分析方法

続いて、類義語を分析する初★歩的な方法について確認します。まず、意味が相当近い

★もちろん、現代に日本語において、すべての外来語がしゃれた言葉であるわけではありません。「スプーン」「テレビ」「カメラ」などの日本語にすっかり定着し、日常頻繁に使われる語はしゃれた語である印象を与えるということはありません。これらの語も使われだした頃はしゃれた言葉だったのかもしれませんが。

★類義語の分析においても、第一章で見た「比較する」という認知能力が行使されているわけです。

★詳しくは、国広哲弥（1982）『意味論の方法』（大修館書店）、國廣哲彌（1997）『理想の国語辞典』（大修館書店）を参照してください。

類義語を見つける方法として、二つの語をそれぞれ含む、類義語の部分以外はまったく同じである二つの文を比べた場合、意味のずれが少ないことを確認する方法があります。以下の1～3の各組の傍線を施した語は、このような条件に合うものであり、「興味」と「関心」、「足りない」と「物足りない」、「言う」と「話す」はそれぞれ類義語だと判断できます。

1 a 私は認知言語学に興味がある。
b 私は認知言語学に関心がある。
2 a 学校の勉強だけでは足りないので、塾に行くことにした。
b 学校の勉強だけでは物足りないので、塾に行くことにした。
3 a 学生時代の一番の思い出を言ってください。
b 学生時代の一番の思い出を話してください。

さらに類義語を見つける方法として、日本語以外の言語を参考にするという方法もあります。たとえば、英和辞典で‘interest’という語を引くと、必ずと言ってよいほど、「興味」と「関心」の両方が訳語として載っています。つまり、「興味」と「関心」はいずれも英語の‘interest’という一語に対応するものであるから、意味が近いと判断するわけです。

以下では、類義語の意味の違いを明らかにする方法を見ていきます。基本的な手法は、以下の例文のように、類義語の一方のみが使える文に基づき、なぜ一方の語は使え、他方の語はだめなのかを考えていくということです。

4 a　だんだん興味が湧いてきた。
b×だんだん関心が湧いてきた。
5 a×言語学者としては認知言語学にも興味を向ける必要がある。
b　言語学者としては認知言語学にも関心を向ける必要がある。
6 a　これを買うにはお金が千円足りない。
b×これを買うにはお金が千円物足りない。
7 a×優しくしてもらうだけでは足りない感じがする。
b　優しくしてもらうだけでは物足りない感じがする。
8 a　あの人は独り言を言う癖がある。
b×あの人は独り言を話す癖がある。
9 a×今日はこの問題の対策について言い合いましょう。
b　今日はこの問題の対策について話し合いましょう。

以上の例文に基づき、「興味」と「関心」、「足りない」と「物足りない」、「言う」と「話す」の各類義語の意味の違いの一面について考えてみましょう。
まず、「興味」★と「関心」ですが、「興味」は、4 aの「興味が湧く」と言え、5 aの

★ここでの「興味」と「関心」の分析は、山中信彦（1987）「興味・関心」（国広哲弥編『意味分析』2（東京大学文学部言語学研究室）所収）を参考にしたものです。

「興味を向ける」とは言えないことから、〈対象に触発されて自然と生じる心の動き〉という特徴があると考えられます。一方、「関心」は、4bの「関心が湧く」とは言えず、5bの「関心を向ける」が適切な表現であることから、〈対象に対して向ける、制御しやすい心の動き〉という特徴があると思われます。

次は「足りない」と「物足りない」についてです。6aの「千円足りない」は言え、7aのようには言えないことから、「足りない」は〈数量的に不足している（状態）〉を表していることがわかります。それに対して、「物足りない」は、6bのようには言えず、7bの「優しくしてもらうだけでは物足りない」と言えることから、〈心理的・感覚的に満たされない（状態）〉を表していると考えられます。

最後は「言う」と「話す」です。「言う」は8aの「独り言を言う」が適切な表現であることから、〈聞き手がいない〉場合に言葉を発するときにも使える語であることがわかります。また、9aの「問題の対策について言い合う」とは言えないことから、聞き手がいる場合に言葉を発する場合でも、〈聞き手に対して配慮せず、一方的〉という特徴があると考えられます。それに対して、「話す」は8b「独り言を話す」とは言えないことから、まず、聞き手がいない場合には使えないということです。また、9bの「問題の対策について話し合う」と言えることから、「話す」は、「言う」とは異なり、〈聞き手を配慮する〉という特徴があることになります。

「やっと」と「ようやく」の意味の違い

続★いて、「やっと」と「ようやく」という二つの語を取り上げ、意味の違いを少し詳しく検討してみましょう。

まず、二つの語の共通点を確認します。

10　念願のマイホームがやっと／ようやく完成した。

11　三年がかりでやっと／ようやく博士論文を書き上げた。

12×書きはじめて間もなく、やっと／ようやく論文を書き上げた。

10と11が正しい文であり、12のようには言えないことから、「やっと」と「ようやく」には、〈長い時間がかかってある事態が実現する〉という共通点があることがわかります。つまり、11の「三年がかり」という「長い時間」を表す表現とは共起できるのに対して、12の「書きはじめて間もなく」といった明らかに「短い時間」を表す表現とは共起できないということです。

以下の例文に基づいて、「やっと」と「ようやく」の共通点をもう一つ確認します。

13 a×やっと／ようやく先生ともお別れですね。

b　とうとう先生ともお別れですね。

留学生が帰国を前にして、長い間お世話になった指導教官の先生に対して、13 aのよ

★この分析は、國廣哲彌編（1982）『ことばの意味』3（平凡社選書）を参考にしたものです。

うには言えないのは、「先生とのお別れ」が話し手にとって〈望ましい〉★ことではないからだと考えられます。つまり、「やっと」と「ようやく」はともに、長い時間かかって実現した事態を〈望ましい〉ことと捉えているということです。他方、bのようには言えることから、「とうとう」は望ましくないことにも使えることがわかります。たとえば、「三年がかりでとうとう博士論文を書き上げた」とも言えるのは、「とうとう」は実現した事態が望ましいか否かにかかわりなく使うことができるということです。

なお、第二章で、「長い」と「長たらしい」などを例に、我々には同一の状況に対する評価の仕分けという認知能力（対象を主体的に捉えるという認知能力の一種）があることを見ましたが、「やっと」「ようやく」「とうとう」の意味にもこのような認知能力が反映していることになります。

続いて、「やっと」と「ようやく」の意味の違いを考察します。

14 a　あ、やっとバスが来た。
　 b?　あ、ようやくバスが来た。

15 ［マラソンで］
　 a?　先頭集団がやっと三十五キロ地点にさしかかってきました。
　 b　先頭集団がようやく三十五キロ地点にさしかかってきました。

14では、「やっと」は問題ないですが、「ようやく」を使うとやや不自然です。それに

★もしこの留学生が一日も早く指導教官のもとを去りたいと思っていたとしたら、13ａの文はこの留学生の気持ちを適切に伝える文です。

対して、15では、「やっと」の方が不自然で、「ようやく」の方が適切です。さて、このような容認度の違いをちゃんと説明できる意味の記述をするために、第二章で取り上げた「ベース（あるいはスコープ）」と「プロファイル」という概念を用いて分析してみましょう。これらの概念について簡単に復習しておきます。「ベース（あるいはスコープ）」とは、語の意味の記述に必須の認知領域の一部分であり、「プロファイル」とは、ベースのなかで、語（の意味）が直接指し示す部分のことでした。

ここで、「やっと」と「ようやく」はともに、すでに共通点として指摘した〈長い時間がかかってある事態が実現する〉ということをベースとして持っていると考えられます。つまり、このベースとは、「（ある事態が実現までに要する）長い時間の経過を伴うプロセス」と「（そのプロセスを経た結果としての）事態の実現」を含むということです。

さて、このようなベースを踏まえて、「やっと」と「ようやく」の違いはプロファイルの違いとして捉えることができると思われます。つまり、「やっと」は14aのような事態の実現の瞬間に注目した文に生起できることから、上記のベースのうちの「事態の実現（の瞬間）」の方をプロファイルとして持つのに対して、「ようやく」は15bのような事態の実現に至る長い時間の経過を伴うプロセスに焦点を当てた文に生じうることから、上記のベースのうちの「（ある事態が実現までに要する）長い時間の経過を伴うプロセス」の方をプロファイルとして持つと考えられます。

Q13 「太った」と言われるより「ブタになった」と言われた方が腹が立つのはどうしてですか?

第三章と第四章で比喩に基づく意味の転用、拡張について、語と句の両方のレベルで見てきましたが、ここで改めて比喩による表現効果、言い換えれば、比喩に基づく表現は普通の表現とどのように異なるのかについて考えていきます。

まず、次の例文を見てみましょう。

16 a おまえ、ブタになったなあ。
　 b おまえ、太ったなあ。

16aは、第三章のメタファーのところで取り上げたように、もちろん「人間がブタという動物に変化した」ということではなく、概略は〈太った〉ということです。それでは、a、bの二つの文はまったく同じ意味を表していると考えていいのでしょうか。たとえば、妻が夫から「ブタになったなあ」と言われた場合と、「太ったなあ」と言われた場合の不快感の違いはどうでしょうか。どちらも愉快でないことは間違いないでしょうが、「ブタになったなあ」と言われたときの方が一層心中穏やかでないと思われます。これはなぜでしょうか。もしaの「ブタ」という語が(メタファーに基づき)単に〈太った人間〉を表すのであれば、「太った」と言われたときと不快感の差はないはずです。

そうではなく、不快感に違いがあるのは、「ブタ(になった)」という表現は、単に〈太った人間〉という新しい意味を表すだけでなく、本来の動物の一種としての〈ブタ〉という意味も完全に消え去ってしまうことなく残っているからだと考えられます。

もう一つの例を見てみましょう。大金を出して買ったアクセサリーをはじめて身につけたという状況で、「猫に小判だね」と言われた場合と「豚に真珠だね」と言われた場合の怒りはどちらが強いでしょうか。どちらの表現も基本的に同じ意味を表しているにもかかわらず、「豚に真珠」の方により強★い怒りを覚える人が多いのではないかと思われます。この場合もそれぞれの表現において、「猫」と「豚」(が表す動物の意味)が完全には姿を消していないということがわかります。

以上の内容をより一般的な言い方で言えば、比喩に基づき新しい意味が生み出される場合、本来の意味がまったく消えてしまうのではなく、新しい意味と本来の意味が二重★写しになって重層的な表現効果が発揮されるということです。

さて、これまで取り上げた例は、比喩がもっぱら不快感を増大させる手段であるかのような印象を与えるものでしたが、もちろんそればかりではなく、何らかのプラスの意味をもたらすという場合もあります。第三章であげた「月見うどん」という語について改めて考えてみましょう。この語が指すものと同じものを表すのに、単に「たまごうどん」という名前をつけてもよかったわけですが、「月見うどん」という名前が誰かによってつけられ、広く受け入れられたのは、この語に何らかの魅力があったからです。

★以上から、「ブタ」という動物が我々の言語あるいは文化圏では、好ましく思われていないということがわかります。いろいろな言語で、動物名がどのような比喩表現として用いられているかを調べることによって、個々の言語での各種の動物に対するイメージを明らかにするのは興味深いテーマだと思われます。

★新しい意味が定着して、多義語化した場合、その新しい意味で使われた際に本来の意味がほとんど意識されないという場合もあると思われます。たとえば、我々が「目玉焼き」という言葉を使ったり、聞いたりする場合、現在では身体部分としての本来の意味はほとんど意識されないのではないでしょうか。

つまり、「月」あるいは「月見」が日本文化のなかで風流な存在の一つとして認められており、そのような意味が「月見うどん」という表現のなかに生きているからこそ、「たまごうどん」にない表現効果を生み出しているわけです。比喩表現が持つこの種の美的効果は、従来のレトリック研究においても指摘されてきたことです。

ここで、第三章で触れた比喩表現の持つ婉曲性についても、以上の観点から改めて考えてみます。人間の死、排泄、性的行為などが婉曲的に表現される主なものでした。たとえば「Aさんは、親戚の人が死んだそうだ」と言わずに「Aさんは、親戚の方に不幸があったそうだ」と言うような場合です。さて、「不幸(があった)」という表現の方が「死んだ」よりも婉曲であると感じられるのは、やはり、「不幸」が〈死〉を表す場合でも、「不幸」が本来持つ〈不幸一般〉とでも言うべきより一般的な意味が消えずに残っているからだと考えられます。

以上、比喩表現の持つ表現効果について見ました。

Q14 同じ出来事を述べた二つの文の意味が違うというのはどういうことですか?

真理条件的意味と事態の捉え方を反映した意味

以下では、文の意味について考えていきますが、文の意味を考える場合、まず、「真理条件的意味」のレベルと「事態の捉え方を反映した意味」のレベルを区別して考えることが必要です。次の例文から見てみましょう。

17 a　A先生は太郎をしかった。
b　太郎はA先生にしかられた。

この二つの文は、真理条件的意味が同じです。つまり、一方の文が「真(本当のこと)」であれば他方の文も「真」であり、一方の文が「偽(うそのこと)」であれば、他方の文も「偽」であるということです。したがって、「A先生は太郎をしかったが、太郎はA先生にしかられなかった」などということはありえないわけです。二つの文の真理条件的意味が同じであるとは、見方を変えると、二つの文が「同じ一つの事態」を描写しているということです。a、bの二つの文が「同じ一つの事態」★を述べた文であるということは納得がいくことでしょう。

さて、a、bの二つの文は、第一章の「複数の要素から構成される事態において異なる要素に注目する能力」という認知能力を取り上げた際にも指摘したように、事態の捉え方のレベルでは意味の異なる文です。簡単に確認しておくと、aの能動文は、「A先生」という行為者に注目し、主役の座にすえて事態を描写した文であるのに対して、bの受動文は、「太郎」という行為の対象に注目した文です。

次の例文を見てみましょう。

★「太郎は二郎の兄である」と「二郎は太郎の弟である」、「AさんはBさんに似ている」と「BさんはAさんに似ている」なども真理条件的意味が同じです。

18 a　私は今日八時間も勉強した。
　 b　私は今日八時間しか勉強しなかった。

この二つの文も第一章で取り上げたものですが、まず、真理条件的意味が同じであると考えられます。つまり、いずれの文も「今日の私の勉強時間は八時間であった」という事態を述べているという点では同じです。ただし、同じ事態を異なる予測に基づき捉えており、事態の捉え方のレベルの意味では異なります。簡単に確認しておくと、18aは勉強時間が八時間よりも少ないという予測に基づくものであり、bは八時間よりも多いという予測に基づくものです。

認知言語学は、以上のように真理条件的意味と事態の捉え方を反映した意味を区別したうえで、後者の意味の解明を重要な課題として位置づけています。というのは、第一章でも見たように、同じ対象であっても、我々人間は異なる捉え方、異なる意味づけをすることができ、このような認知能力が言語（の意味）の基盤にあると考えることが、認知言語学の基本姿勢であるからです。

従来、文の意味としてはもっぱら真理条件的意味が問題にされてきたということを考えると、認知言語学のこのような研究の姿勢、研究の射程をとることによって、より精緻な意味の研究が可能になると思われます。

類義文の分析——事態の捉え方が異なることに基づく意味の違い

前節の議論を踏まえて、以下では、「視点の異なり」、「捉える方向性の異なり」、「参照点と目標の選択」、「背景・原因の推量」、「他者の扱い」という五つの観点から、文の意味について見ていきます。なお、真理条件的意味が同じで、事態の捉え方を反映した意味が異なる複数の文を「類義文」と言うことにします。したがって、類義文の分析の課題は、複数の文が同じ事態を描写していながら、どのような捉え方の違いに基づき意味が異なっているかを明らかにすることです。そして、このような言語の分析を通して、我々人間には、同一の対象を多様な観点から捉えうる認知能力が備わっているということに改めて気づくことでしょう。

① 視点の異なり

すでに第一章で、同一の対象を異なる視点から捉えるという認知能力が我々には備わっており、このような認知能力を反映した表現が日本語に存在しているということを、主に語★のレベルで見ました。ここでは、「あげる」を述語とする文と「くれる」を述語とする文を中心に、文のレベルで考えていきます。

まず、次の例文を見てみましょう。

★「ピンチ」と「チャンス」、「上り坂」と「下り坂」などの例を思い出してください。

19 a　太郎は花子に花をあげた。
b　太郎は花子に花をくれた。

この二つの文はいずれも「太郎の意志で、花の所有権が無償★で太郎から花子に移った」というような同じ状況を表しており、真理条件的意味は同じです。では、どのような意味の違いがあるのでしょうか。結論を先取りすると、aは、「太郎の視点」あるいは「中立的な視点」（「太郎」寄りでも「花子」寄りでもない話し手の視点）からこの出来事を述べた文であり、bは「花子の視点」から描写した文だと考えられます。

ここで、「あげる」と「くれる」を含む文をより一般的に次のように示します。

20　AがBにXをあげる／くれる。

Aは「あげる／くれる」という行為を行う「主体」、Bは「受け取り手」、Xは「所有権が移動するもの」ということです。これに基づいて、例文19a、bについて述べたことを改めて述べると、「あげる」の文は、「主体の視点」あるいは「中立的な視点」をとる文であり、「くれる」の文は、「受け取り手の視点」をとる文だということです。このように考えるのが妥当であることを、さらに例文に基づき見ていきます。

21 a　私は花子に花をあげた。
b ×私は花子に花をくれた。

★所有権の移動が有償の場合は、「売る」と「買う」を用いることになります。

まず、21aのように言えるのに対して、bのようには言えません。これは、「あげる」の文、「くれる」の文がそれぞれとる視点と、「私」の視点とが一致するか矛盾するかによるものです。議論の前提として、話し手を表す「私」などの一人称表現が文中にある場合、出来事がその視点から述べられるのが普通です。ここで、「あげる」は「主体の視点」をとることができ、aでは「私」が主体の位置を占めているので、視点が一致するので正しい文であることになります。一方、「くれる」は「受け取り手の視点」をとるのに対して、bの文では「私」が主体となっているので、視点に矛盾が生じることになり、不適切な文になります。

さらに、次の例文を検討します。

22a×太郎は私に花をあげた。
b　太郎は私に花をくれた。

右の例文のように、「私」が受け取り手の位置にきた場合は、「くれる」の文が適切で、「あげる」の文は不適切になります。このことも例文21a、bの場合と同様に説明できます。つまり、「あげる」は「主体の視点」あるいは「中立的な視点」をとるのに対して、22aでは、「私」が「受け取り手」の位置を占めているため、視点に矛盾が生じているわけです。一方、bでは、「くれる」が「受け取り手の視点」をとり、「私」が受け取り手であるため、視点が一致していることになります。

同じ事態に対して異なる視点から捉えることができるという認知能力に基づくと、「あげる」の文と「くれる」の文の意味★の違いを説明できることになります。

② 捉える方向性の異なり

「人間がある地点から別の地点に移動する」あるいは「物の所有権がある人から別の人に移る」というように、実際に人や物が移動する際に、我々はその移動を異なる視点から捉えられるということはすでに見たとおりです。

ここで、次の例を見てみましょう。

23 a　東京から名古屋まで高速道路が走っている。
　 b　名古屋から東京まで高速道路が走っている。

まず、23の二つの文は、「東京・名古屋間★に高速道路がある」という同じ事実を述べた文(つまり、真理条件的意味が同じ文)です。さらに、この文は、「花子は東京に行った／来た」などの文で表される事態とは違って、実際に何かが移動するのではなく、ある区間に高速道路が存在するというあくまで一つの静的な状態あるいは位置関係を表しています。

さて、我々は、この種の状態についても主体的に異なる方向性を付与することができます。つまり、a、bの二つの文の意味の違いは、我々が二地点のうちのどちらからど

★「太郎は花子に勉強を教えてあげた」「太郎は花子に勉強を教えてくれた」のように、「てあげる」「てくれる」という補助動詞を含む文の場合も本動詞の「あげる」「くれる」に対応する視点の違いがあります。

★「東京・名古屋間」と「名古屋・東京間」という二つの表現にも捉える方向性の違いがあるように思われます。

ちらに向かって(たとえば地図上で)高速道路を辿っているか、つまり、方向性についての我々の主体的な選択に起因するものです。このように、それ自体は移動や方向性を持たない対象に対してもある方向性(しかも異なる複数の方向性)を主体的に付与して捉えるという認知能力が我々人間には備わっていることになります。

23と同様、この種の認知能力を反映した例として以下のようなものがあります。

24 a この通りは、A交差点で一車線から二車線になる。
b この通りは、A交差点で二車線から一車線になる。

25 a この山は、中腹から展望台まで急激にせりあがっている。
b この山は、展望台から中腹まで急な下りだ。

簡単に確認しておくと、24の二つの文はいずれも「この通りは、A交差点の一方の側は一車線で、他方の側は二車線である」という一つの状態を描写したものですが、二つの文は、通りを(心理的に)どちらからどちらの方向に向かって辿るかという辿り方の違いを反映したものです。また、25の二つの文は「山の中腹・展望台間の傾斜が急である」ということを述べたものですが、やはり捉える方向の違いが二つの文の意味の違いを生み出しています。

③ 参照点と目標の選択

参照点構造については、すでに第一章で取り上げ、第三章ではメトニミーの認知的基盤として重要な役割を担っているということを見ました。ここでは、複数のものの位置関係などを述べた文を取り上げ、同じ位置関係を描写する場合でも、何を参照点として選択し、何を把握したいあるいは把握させたい対象(目標)として選ぶかによって、意味の異なる複数の文が存在しうるということを見ていきます。まず、次の文を見てみましょう。

26 a 郵便局は銀行の先にあります。
 b 銀行は郵便局の手前にあります。

26の二つの文は、「郵便局」と「銀行」の位置関係について同じことを述べた文です。つまり、真理条件的意味は同じです。しかし、「銀行」と「郵便局」のいずれを参照点として選択し、いずれを位置づけているかについては異なります。つまり、aの文では、「銀行」を参照点として「郵便局」を把握あるいは指示しているのに対して、bでは逆になっています。なお、aは、「郵便局はどこか」と聞かれた場合に、「銀行」の場所は聞き手も知っているというような場合に使われるのが普通です。一方、bは、「郵便局」が聞き手にも既知のものであるという場合に、「銀行」を位置づける表現です。さらに、次の文を見てみましょう。

27 a　いつもごはんを食べてからお風呂に入ります。
b　いつもお風呂に入る前にごはんを食べます。

27の二つの文も、「ごはんを食べる」という出来事と「お風呂に入る」という出来事について、前者が先で、後者が後だという点では同じことを述べています。ただし、aの文では、時間軸において、「ごはんを食べる」ということを参照点として「お風呂に入る」ということを位置づけているのに対して、bの文では逆に、「お風呂に入る」ということを参照点として「ごはんを食べる」ということを位置づけています。つまり、aは、いつお風呂に入るのかが問題になっている状況で使われるのが普通であるのに対して、bは、いつごはんを食べるのかが焦点の状況で使われる文です。

以上、空間におけるものの位置づけ、時間軸上における出来事の位置づけについて異なる参照点の選択を反映した文の意味の違いについて簡単に検討しましたが、さらに人間関係についても参照点の違いが意味の違いを生み出すことについて取り上げます。

28 a　太郎君は山田さんの甥だ。
b　山田さんは太郎君のおじだ。

28の二つの文は、「太郎君」と「山田さん」がどのような関係にあるか、どのような血のつながりがあるかについて同じことを述べています。ただし、aの文では、「山田さん」を参照点として、「太郎君」を位置づけているのに対して、bの文では逆になっています。また、aが使われるのは、「太郎君」がどのような人かが問題になっていて、しかも「山田さん」については(話し手と聞き手が)よく知っている状況であり、bが使われるのはそれが逆の場合です。

④ 背景・原因の推量

我々は日常、今経験している事態の背景や原因を探り、その事態に対処するということを絶えず行っています。たとえば、朝起きたときに体が痛いという場合、「そういえば、きのうはちょっと運動をやりすぎた」と筋肉痛の原因を探り当て、痛みを和らげる薬を体に塗るという具合です。あるいは、自分との待ち合わせの時間に遅れたことのない人が、今日に限って約束の時間から三十分もたつのにまだ来ないし、連絡もないという状況で、相手の身に何か大変なことが起こったのではないかと不安ながらに推測するという場合もあるでしょう。このような、事態の背景や原因を推量するという認知能力も言語の基盤としてあります。

次の例文を見てみましょう。

29 a 道に財布がある。
b 道に財布が落ちている。

「道に財布が存在している」という状況で、29a、bの文はいずれも使うことができ、真理条件的意味が同じ文であると考えられます。では、この二つの文は、どのような捉え方の違いを反映しているのでしょうか。aの文は、「道に財布が存在している」ということをいわばそのままそれだけを描写している文です。一方、bの方は、「道に財布が存在している」ということに加えて、「道に財布が存在しているのは、誰かが落とした結果である」という財布の存在に対する背景、原因の推測まで述べていると考えられます。ここで興味深いのは、bの文を発した人が、実際に誰かが財布を落としたのを見たのではない場合にも、この文が使えるということです。bの文をこのような状況で使えるのは、我々が自分の経験を通して、道に財布が存在しているのは、普通誰かが落とした結果であるという知識を持っているからです。

以上のように、ある状況に対して、ある種の知識を基盤として、その状況を引き起こした背景・原因などを推し量るという認知能力も我々に備わっており、そのような能力を反映した言語表現も存在していることになります。

さて、「落ちている」などのように、瞬間動詞(瞬間的な出来事や行為を表す動詞)に「ている」がついた形は、以下の例からもわかるように、「ある出来事や行為の結果が残っている」という意味を一般に表すことができます。

30a　部屋の電気がついている。

b　駐車禁止のところに車が止まっている。
c　門が閉まっている。

したがって、「瞬間動詞のテイル形」という言語形式は、我々が持っている、ある事態の背景や原因を推量する認知能力を基盤とするものであると考えられます。

⑤　他者の扱い――敬語

我々は、日々接する様々な人々に対して一様なつき合い、対応をするのではなく、人によってあるいは同じ人でも場合によっていろいろなことを考慮して、異なる態度をとり、違った応対をします。ある種の人に対しては目上の人として失礼のないように接するように心がけるのに対して、ごく親しい同世代の人とは気楽につき合うといった具合です。★

このように、各種の要因を考慮して、他者に対して多様な接し方をするという能力も認知能力の一種であると考えられます。ただし、この種の能力は、ある文化圏のなかでの経験を通して身につけていくものです。

以上を踏まえて、日本語の敬語表現について簡単に見ていきます。

31 a　先生が来た。
b　先生がいらっしゃった。

★この種の行動の仕分けができるかどうかが、我々の文化圏において「大人」と「子供」を区別する社会的指標の一つだと思われます。

c　先公が来やがった。

まず、31a、b、cの三つの文は、いずれも「教師が(教室に)到着した」という同じ出来事を述べているので、真理条件的意味は同じです。その一方で、登場人物である「先生」をどのように扱っているかという点では明らかに違いがあります。aは、「先生」に対して(上にも下にも)特別な扱いはしていない文です。他方、bは、先生を目上として捉え、「いらっしゃる」という尊敬語を使っています。cは逆に、先生を嫌悪すべき存在として捉え、「先公」「来やがる」という尊敬語とは反対の軽蔑語★(あるいは卑罵語)を用いています。

以下の例文を見てみましょう。

32a　私は花子さんに旅行のお土産をあげた。

b　私は花子さんに旅行のお土産をさしあげた。

c　私は花子に旅行のお土産をやった。

この三つの文も真理条件的意味は同じです。そして、三つの文の基本的な違いは31の三つ文の場合と同様で、「花子」に対する捉え方、扱いの違いです。つまり、32aは、「花子」に対して特別な扱いをしていない文であるのに対して、bは、「花子」を目上として捉え、「さしあげる」という謙譲語を使っています。さらに、cでは、「花子」を同

★軽蔑語の他の例として、「しくさる」「やらかす」「ほざく」「ぬかす」などがあります。

等以下として捉え、「やる」を使っています。

ここで、31bの「いらっしゃる」と32bの「さしあげる」に基づき、尊敬語と謙譲語★の違いについて簡単に確認しておくと、31bからわかるように、尊敬語は主語（の人物）を高める敬語であるのに対して、32bからわかるとおり、（少なくともある種の）謙譲語は主語以外（の人物）を高める敬語です。

最後に次の例文を見てみましょう。

33 a　これは、私が書いた。
　 b　これは、私が書きました。

33aとbも真理条件的意味は同じです。この二つの文の違いは、話し手の話し相手に対する捉え方の違いとして説明できます。つまり、相手をていねいな態度で接する必要のない人と見なした場合は、aのように「ます」をつけない形を使うのに対して、まだあまり親しくないとか自分より目上であるといった理由でていねいな態度をとる必要があると考えた場合は、bのように「ます」をつけた形を用いるということです。

以上、日本語の敬語の基盤として、他者に対して多様な捉え方をしうる我々の認知能力があると考えることができるということを見ました。

★詳しくは、菊地康人（1994）『敬語』（角川書店）を参照してください。

章末問題

問1 以下の **1** と **2** のそれぞれ二つの文を比べて、傍線を施した比喩表現の表現効果について考えなさい。

1a Aさんはとうとう昨晩死んでしまった。

b Aさんはとうとう昨晩帰らぬ人となってしまった。

2a 私、実は泳げないんです。

b 私、実は金槌なんです。

問2 以下の **1**～**3** のそれぞれ二つの文は、真理条件的意味が同じだと考えられますが、どのような意味の違いがあるか、また、意味の違いの認知的基盤は何かについて考えなさい。

1a 太郎君が私に花をくれた。

b 太郎君が私にくれたのは花だ。

2a Aさんは子供たちに野球を教えている。

b 子供たちはAさんに野球を教わっている。

3a 窓が開いている。

b 窓が開けてある。

さらに勉強したい人のための参考文献

『認知言語学の基礎』（河上誓作編著、一九九六年、研究社出版、二七〇〇円）
　これまでの認知言語学の主要な研究をバランスよくわかりやすく解説したものです。語の意味の分析（英語の'take','over'など）、構文の分析（繰り上げ構文、there構文など）、歴史的意味変化（文法化、主体化など）などの広範囲のテーマが取り上げられています。

『意味論2―認知意味論―』（杉本孝司著、一九九八年、くろしお出版、二〇〇〇円）
　認知言語学（認知意味論）の基本的な考え方、概念（カテゴリー化、認知モデルなど）をわかりやすく説明したうえで、「認知文法」（ラネカー）、「メタファー理論」（レイコフ）、「メンタルスペース理論」（フォコニエ）、「構文文法」（ゴールドバーグ）という認知言語学の主要理論について具体的に解説がなされています。

『意味（岩波講座言語の科学4）』（郡司隆男他著、一九九八年、岩波書店、三四〇〇円）
　「第3章　認知的アプローチ」（坂原茂著）で、認知言語学の基本的な特徴を説明したうえで、「カテゴリー」「メタファー」「ものと事件の概念化」などの認知言語学の主要テーマについてわかりやすく説明がなされています。

『認知言語学原理』（山梨正明著、二〇〇〇年、くろしお出版、二八〇〇円）
　広い視野に立って認知言語学を位置づけ、また、ラネカーなどを踏まえて認知言語学の基本的な枠組みを示したうえで、日本語と英語について興味深い分析が数多くなされています。

『認知言語学の発展』（坂原茂編、二〇〇〇年、ひつじ書房、四四〇〇円）

レイコフ「不変性仮説」、ラネカー「動的使用依拠モデル」、フォコニエ「日常言語における創造性」などの認知言語学の最前線の論文十編（日本人研究者による論文五本を含む）が収められ、しかもすべて日本語で読めるありがたい論文集です。

『認知意味論の方法』（吉村公宏著、一九九五年、人文書院、三八〇〇円）

まず、認知言語学と生成文法を多角的に比較し、両者の違いを明確にしています。さらにプロトタイプ論の有効性を論じたうえで、「日米の『嘘』の比較」、「中間動詞文」などについて興味深い分析・考察を行っています。

『構文と事象構造（日英語比較選書5）』（中右実・西村義樹著、一九九八年、研究社出版、二四〇〇円）

「第Ⅱ部 行為者と使役構文」（西村義樹著）で、「捉え方」「プロトタイプ」などの認知言語学の考え方（理論的背景）を明快に説明したうえで、英語と日本語の使役構文について詳細に検討し、この構文が両言語においてプロトタイプからどのように拡張しているかを明らかにしています。

***Foundations of Cognitive Grammar* (Vol. 1)**（Ronald W. Langacker 著、一九八七年、Stanford University Press）

認知言語学の基本的な考え方（従来の生成文法などとは明確に異なる考え方）を明示するとともに、意味、文法、音韻にわたって、具体的な分析例に基づき一貫した研究の枠組みを提示した大著です。容易に通読できるというものではありませんが、認知言語学を志す人には必読の書です。

『認知意味論』（ジョージ・レイコフ著／池上嘉彦・河上誓作他訳、一九九三年、紀伊國屋書店、八五四四円）

第Ⅰ編では、極めて広い視野に立って、経験基盤主義の妥当性、各種の認知モデルなどを提案、検証することによって、認知言語学（認知意味論）の従来の枠組みとは異なる点を明らかにしています。第Ⅱ編では、「怒り（の表現）」、'over'、「there構文」について詳細な分析がなされています。また、「訳者解説」（池上嘉彦著）では、認知言語学の主要概念がわかりやすく解説されています。

『レトリック感覚』（佐藤信夫著、一九七八年、講談社学術文庫（一九九二年）、一〇〇〇円）

レトリックの役割として新たに「発見的認識の造形」というものを見出すなど、認知言語学の先駆的な研究と位置づけられるものです。加えて、隠喩（メタファー）、換喩（メトニミー）、提喩（シネクドキー）などについて、従来の考え方の問題点を明確にし、説得力のある新たな性格づけを行っています。

『理想の国語辞典』（国広哲弥著、一九九七年、大修館書店、二五〇〇円）

現行の国語辞典に対する建設的批判を出発点とし、類義語、連語、多義語などについて、豊富な具体例に基づき分析方法を論じたものです。特に、多義語については、「現象素に基づく認知的多義」などの興味深い考え方が提案されています。

『文化と発想とレトリック（日英語比較選書1）』（巻下吉夫・瀬戸賢一著、一九九七年、研究社出版、二四〇〇円）

「第Ⅱ部 意味のレトリック」（瀬戸賢一著）で、数多くの日本語と英語の例に基づき、メタファー、メトニミー、シネクドキーの本質が、言語の普遍性を示唆する形で体系的に論じられています。特にメトニミーに関する記述が充実しています。

【や行】

【ら・わ行】

【は行】

【ま行】

【な行】

【さ行】

【た行】

【か行】

●語 句 索 引

【あ行】

【な行】

【は行】

【た行】

【さ行】

索　引

INDEX

※「語句索引」は後ろのほうへ別項目として
まとめてあります。

シリーズ・日本語《にほんご》のしくみを探《さぐ》る ⑤

認知《にんち》意《い》味論《みろん》のしくみ

2002 年 2 月 1 日　初版発行
2022 年 5 月 17 日　10刷発行

編　者
町田　健

著　者
籾山　洋介

発行者
吉田　尚志

発行所
株式会社　研 究 社
〒102–8152　東京都千代田区富士見 2–11–3
電話　営業 03–3288–7777（代）　編集 03–3288–7711（代）
振替 00150–9–26710
https://www.kenkyusha.co.jp/

KENKYUSHA
〈検印省略〉

印刷所
図書印刷株式会社

ブックデザイン
寺澤彰二

本文レイアウト
古正佳緒里

ISBN 978–4–327–38305–3 C0081